KLÖSTER AM BODENSEE

FREDERIK KARL HAUSER

KLÖSTER AM BODENSEE
REISEBEGLEITER
DURCH EINE KULTURLANDSCHAFT

 JAN THORBECKE VERLAG

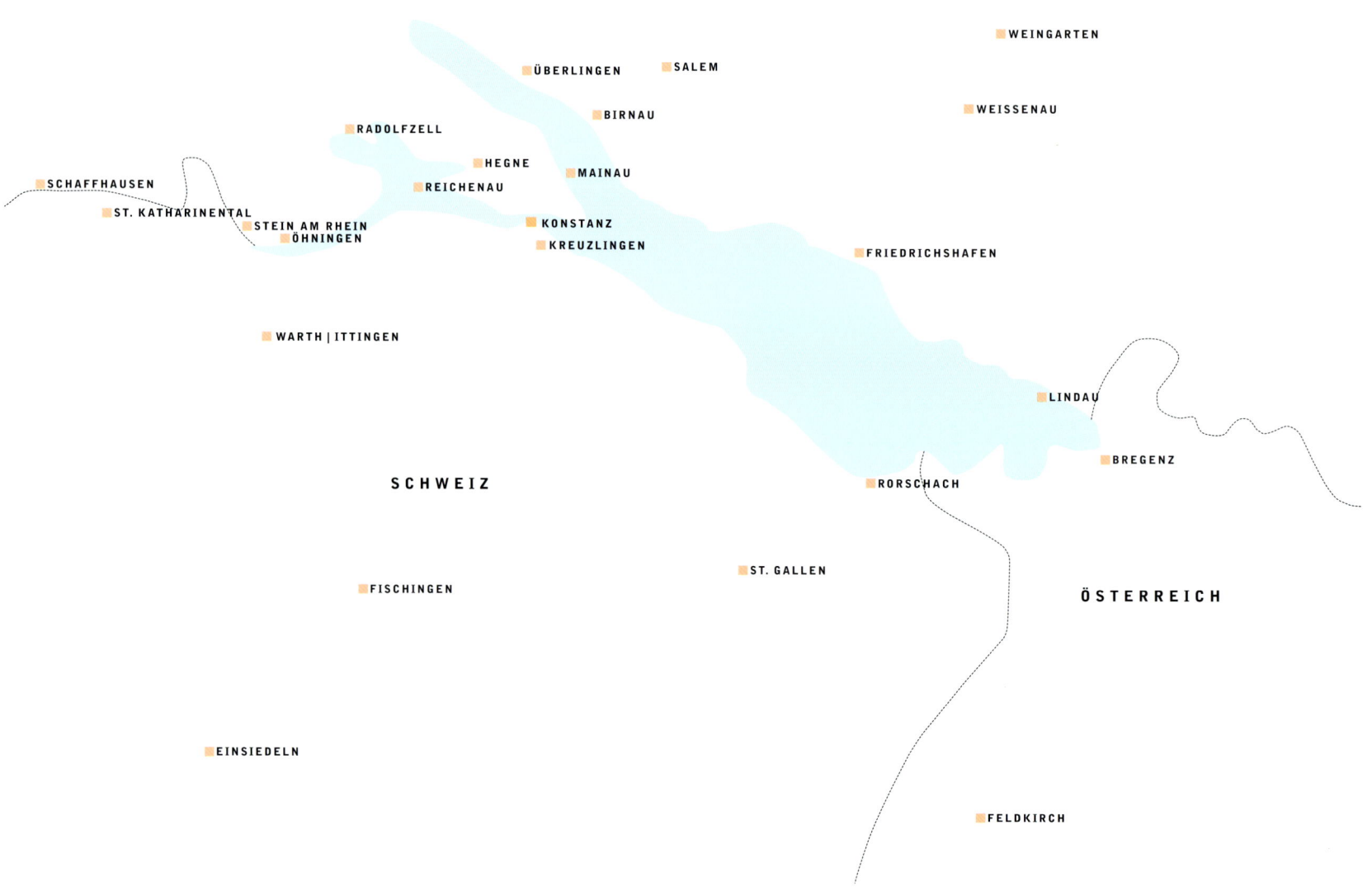

DEUTSCHLAND

WEINGARTEN

ÜBERLINGEN   SALEM

BIRNAU   WEISSENAU

RADOLFZELL

HEGNE

REICHENAU   MAINAU

SCHAFFHAUSEN

ST. KATHARINENTAL

STEIN AM RHEIN   KONSTANZ

ÖHNINGEN   KREUZLINGEN   FRIEDRICHSHAFEN

WARTH | ITTINGEN

LINDAU

SCHWEIZ   BREGENZ

RORSCHACH

ST. GALLEN   ÖSTERREICH

FISCHINGEN

EINSIEDELN

FELDKIRCH

INHALT

KLOSTERLANDSCHAFT
BODENSEE

▶ Die Mönche und ihre Klöster haben die Landschaft des Bodenseeraums entscheidend geprägt. Zeitweise gingen von diesen Klöstern so wichtige Impulse aus, dass diese Region als eine Wiege der mitteleuropäischen Kultur bezeichnet worden ist. Die mittelalterlichen Klöster St. Gallens und der Insel Reichenau sind hier zuerst zu nennen. Daneben gibt es Städte, die auf eine rege monastische Geschichte zurückblicken können, wie etwa Konstanz, Überlingen oder Bregenz. Und es gibt die Klöster, die bis heute von Mönchen belebt werden: etwa Weingarten, Einsiedeln oder Fischingen. Den weitaus größten Teil des Buches nehmen die sehenswerten *ehemaligen* Klosteranlagen ein. Darunter fallen etwa die Mainau, die Museen in Stein am Rhein, Schaffhausen oder Warth/Ittingen.

▶ Das Buch richtet sich an »Interessierte«, die auf Ausflügen oder Stadtrundgängen auf klösterlichen Spuren wandeln möchten. Daher wurde versucht, den »Rundgangcharakter« sowohl in der Gesamtanlage, als auch im Gestaltungsprinzip der einzelnen Kapitel zu berücksichtigen. Bei Städten wie Konstanz, Radolfzell, Überlingen oder Lindau ergab sich dieses Prinzip von selbst. Bei Klöstern wie Weingarten, Einsiedeln oder Fischingen blieb der Rundgang auf zugängliche Teile der Klosterkirche beschränkt; auch ein Kirchenrundgang kann zur Entdeckungsreise werden!

▶ Arno Borst hat in seinem Buch »Mönche am Bodensee« das Geflecht klösterlicher und persönlicher Beziehungen anhand ausgewählter Persönlichkeiten vom Frühmittelalter bis zur Reformation aufgezeigt. Seine große Leistung ist, kultur- und kirchengeschichtliche Tendenzen an Personen und ihrem geografischen Umfeld festzumachen. Er hat die Bodenseeregion als monastischen Raum erfahrbar gemacht. In kürzerer Darstellung folgt ihm dieses Buch, das aber vornehmlich die Bauten bedeutender Baumeister und Künstler für sich sprechen lassen will. Insofern illustriert dieses Buch einen Teil der monastischen Geschichte des Bodenseeraumes, die zu Beginn des 7. Jahrhunderts mit den Iren Columban und Gallus einsetzt.

Die Impulse, die von diesen beiden *pergrini*, Pilgern, ausgingen und gleichsam den Boden bereiteten für die Klosterlandschaft Bodensee, können nicht hoch genug eingeschätzt werden. Columban, der strenge Abt Luxeuils, knüpfte Verbindungen zum merowingischen Königsgeschlecht, die für die karolingische Epoche typisch werden sollte. Durch die Verbindung von Mönch- und Königtum entstanden in späterer Zeit bedeutende, reiche Abteien wie Reichenau oder St. Gallen, die nicht nur Zentren der Macht, sondern auch Zentren der Kultur und Kunst wurden.

▶ Die abendländische Kultur fußt auf den Überlieferungen mittelalterlicher Mönche, die durch prachtvoll gestaltete Handschriften Wissen bewahren und tradieren konnten. Nicht zu vergessen die Entwicklung nationaler Sprachen vom gesprochenen zum geschriebenen Wort. Klöster bildeten die Zentren des Kulturtransfers und nicht selten bekleideten die Äbte hohe politische Funktionen. Augenfälliges Bindeglied zwischen weltlicher und geistlicher Macht war hierbei die Regel Benedikts von Nursia († um 550), die universell in ihren Bestimmungen und an jedem Ort handhabbar war. Zentraler Gedanke bildete hierbei der Gehorsam gegenüber dem Abt und die Gebundenheit eines Mönches ans Kloster *(stabilitas loci)*. Dies wiederum wussten weltliche Herrscher für die Absicherung ihrer politischen Macht zu nutzen. Die bedeutendsten Zeugen dieser ersten Hochphase des Mönchtums sind die prachtvollen Handschriften St. Gallens und der Reichenau, die im Jahre 2004 in das Verzeichnis »Memory of the world« der UNESCO aufgenommen wurden. Die Leistungen in Kunst, Wissenschaft, Theologie und Architektur sind zahlreich und bemerkenswert und vor allem auf der Reichenau mit ihren drei Kirchen hautnah erfahrbar.

▶ Diese erste Hochphase des Mönchtums erhielt neue und tiefgreifende Impulse ab dem 10. und 11. Jahrhundert mit dem Wirken der Hirsauer Reform. Nicht nur architektonisch, auch innerkirchlich sind Neuansätze und Autonomiebestrebungen auszumachen, die wegweisend bis ins Hochmittelalter bleiben. Die neue Schlichtheit der Architektur kann noch in Schaffhausen oder in den Fundamenten der Klosterkirche Mehrerau besichtigt werden. Ebenso prägend wie äußere Einflüsse ist das Wirken der Konstanzer Bischöfe vom 10. bis ins 16. Jahrhundert. Hier scheint das Relais zu liegen, durch das die monastischen Einflüsse und Impulse auf den Bodenseeraum, diesen zu einer Einheit geformt hat. Erinnert sei hier an die Gründung des Klosters Petershausen (983) und die engen Verbindungen zu Einsiedeln und – als Filiation – Mehrerau. Eine neue Ordensbewegung vor allem innerhalb der Städte ist ab dem 13. Jh. zu beobachten, besonders durch Franziskaner und Dominikaner, zwei der Bettelorden. Vollständig in die Städte integriert und in ihnen wirkend, zogen die neuen Orden vermehrt Laien in ihren Bann, die sich ihnen anschlossen. Das Stadtbild wurde (wie beispielsweise in Konstanz, Lindau und Überlingen) durch die schlichten Bettelordenskirchen neu profiliert. Es entstanden neue Stifte im Zuge der Kirchenreform, bedeutsam zu ihrer Zeit, heute aber mehr oder weniger erkennbar.

▶ Der Höhepunkt der kirchengeschichtlichen Entwicklung der Bodenseeregion ist das Konzil von Konstanz (1414–1418), das große Reformkonzil, das einen neuen Papst wählte und dringende Reformen auf den Weg bringen sollte.

▶ Die Folgezeit nach dem Konzil, von der Reformation über die Gegenreformation bis zur Säkularisation, als Niedergang zu bezeichnen, wäre einseitig und verfehlt. Durch die Reformation erlebten die Klöster ihre bis dahin schwerste Krise, lösten sich entweder auf oder erholten sich langsam. Die letzte Welle neuer Orden im Bodenseegebiet fällt mit der Gegenreformation und strengen Orden zusammen. Nun tauchen Kapuziner und Jesuiten, in Seelsorge bzw. im Schuldienst, auf und prägen erneut das Gesicht der jeweiligen Stadt.

▶ Besonders im 17. und 18. Jahrhundert wurde das heutige Erscheinungsbild zahlreicher Klöster im Bodenseeraum geschaffen (Einsiedeln, Salem, St. Gallen, Weingarten) und in barocke Form gegossen. Die Kirchen- und Prachtbauten dieser Zeit, die mit den bedeutendsten Namen der Vorarlberger Baumeister und Wessobrunner Stukkateure verbunden sind, vermitteln dem heutigen Besucher am eindringlichsten das Bild der Klosterlandschaft Bodensee. Eine Reise zu diesen Bauten, das Entdecken architektonischer Formsprache, Gemeinsamkeiten, die sich in kunstvollen Anspielungen ausdrücken (Friedrichshafen, Weingarten), all dies lässt das Beziehungsgeflecht zwischen den Bodenseeklöstern sichtbar hervortreten. Es ist das Erkennen des Vertrauten am jeweiligen Ort, die regionale Bildlichkeit, die es zu entdecken gilt auf dieser kunsthistorischen Reise auf monastischen Spuren. Zu dieser interessanten Reise um den Bodensee lädt das Buch ein.

KONSTANZ –
MEHR ALS NUR KONZILSSTADT

Fährt man per Schiff in den Konstanzer Hafen ein, so eröffnet sich dem Besucher ein imposantes Bild, das die Konstanzer Stadtgeschichte bis auf den heutigen Tag präsent und erlebbar hält: Majestätisch erhebt sich das so genannte »Konzilsgebäude«, das frühere Kaufhaus am Hafen, im dem 1417 die Wahl eines Papstes stattfand.

▶ Während des Konstanzer Konzils (1414–1418) war die Stadt der Mittelpunkt der Welt; geistliche und weltliche Fürsten trafen sich hier, um wichtige Reformen durchzusetzen: Die Spaltung der katholischen Kirche – zur damaligen Zeit gab es Päpste und Gegenpäpste mit Sitz in Rom, Pisa und Avignon – konnte beendet und ein neuer Papst, Martin V., gewählt werden. Ein Vorgang, der bis heute einzigartig ist. Doch es gab auch Schattenseiten auf diesem großen Reformkonzil, denn der Reformator Jan Hus, der Rektor der Universität Prag, wurde als Ketzer verbrannt.

▶ Der Besucher passiert im Hafen zunächst eine riesige weibliche Figur, die sich auf dem Sockel des ehemaligen Leuchtturms um die eigene Achse dreht: Die »Imperia« des Künstlers Peter Lenk, dessen Skulpturen des öfteren für Aufruhr bei den Einheimischen sorgte. Auch »Imperia« thematisiert die Zeit des Konstanzer Konzils, allerdings augenzwinkernd und eher auf die Vorgänge »hinter den Kulissen« gerichtet: Rund 70000 Fremde hielten sich während der Konzilszeit in Konstanz auf, das damals etwa 7000 Einwohner hatte. Es kamen aber nicht nur geistliche und weltliche Fürsten, sondern auch deren Dirnen. Ihnen und ihrem großen Einfluss auf die männlichen Teilnehmer, symbolisiert durch die kleinen Figuren des Königs und des Papstes, die auf »Imperias« Handflächen sitzen, ist die Statue im Hafen gewidmet.

▶ Schlendert man vom Hafenareal durch den Stadtgarten, kommt man am Inselhotel vorbei, das früher ein Dominikanerkloster war, und wendet man den Blick nach links, so sieht man auf der anderen Straßenseite das Stadttheater, das in früherer Zeit als Jesuitenkolleg diente. Folgt man der Theatergasse bergauf, gelangt man zum Münster ULF. Und hier wird die Geschichte des Bistums Konstanz und die enge Verbindung mit dem Mönchtum lebendig, denn Konstanz ist mehr als nur Konzilsstadt.

Um 600, als die ersten Mönche an den Bodensee kamen, wurde das Bistum Konstanz gegründet. Zwar ließen sich in der Folgezeit kaum Klöster in Konstanz nieder, doch dafür unterhielt der Bischof enge Kontakte mit den Abteien Reichenau und St. Gallen; zeitweise bestand sogar Personalunion zwischen Bischof und Abt. Mit der Erstarkung dieser Abteien gingen die Bischöfe dazu über, Eigenklöster zu gründen, einerseits zur Stützung der eigenen Macht, andererseits für Aufgaben der Verwaltung, Bildung und Seelsorge. Hierfür wurden Kanonikerstifte gegründet. Dies waren Gruppen von Weltpriestern, die in Gemeinschaft nach einer Regel lebten, im Gegensatz zu Mönchen aber keinen Abt, sondern einen Propst hatten. Darüber hinaus waren sie an keine Klausur gebunden und hatten kein Armutsgelübde abgelegt. Im 10. Jh. wurde das Benediktinerkloster Petershausen gegründet, gefolgt von den Stiften Münsterlingen, Kreuzlingen und später dem Schottenkloster. Ab dem 13. Jh., parallel zur Entwicklung hin zur freien Reichsstadt, bauten die Bettelorden (Dominikaner, Franziskaner und Augustinereremiten) ihre Klöster, an die sich verschiedene Sammlungen von Beginen, fromme Frauen meist aus dem Patriziat, die in Gemeinschaft leben wollten, anschlossen, deren Seelsorge die Bettelorden übernahmen. Als aber nach dem Konzil von Vienne 1317 Beginen verfolgt wurden, mussten sie sich entweder auflösen oder einem Männerorden anschließen: So geschehen bei Kloster Zoffingen, das sich den Dominikanern unterstellte und bis heute als Dominikanerinnenkonvent besteht.

▶ Nach dem Konzil von Konstanz, das den Höhepunkt der kirchengeschichtlichen Entwicklung der Region und der Stadt bildete, verlor Konstanz in der Folgezeit an Bedeutung, einerseits durch die Reformation und durch die Verlegung des Bischofssitzes nach Meersburg im Jahre 1526. In dieser Zeit wurden die Klöster erheblich geschwächt, das bereits leerstehende Schottenkloster zerstört. Kaiser Karl V.

OBEN **Konstanzer Hafen** | UNTEN **»Imperia«** *von Peter Lenk an der Hafeneinfahrt von Konstanz*

eroberte 1548 Konstanz zurück und rekatholisierte die Stadt, wobei aber die reformierten Bürger Konstanz verließen, der Bischof in Meersburg blieb und lediglich das Domkapitel zurückkehrte. In der Folgezeit verlor Konstanz seinen Status als freie Reichsstadt und kam unter österreichische Herrschaft. Während der Gegenreformationszeit, zu Beginn des 17. Jh., holte der Bischof Jesuiten und Kapuziner in die Stadt; diese Orden sollten den Erhalt und die Verbreitung des rechten katholischen Glaubens gewähren.

► Als Kaiser Joseph ll. 1785 nach Konstanz kam und sah, wie arm die Bevölkerung war, die auch noch zahlreiche Ordensleute mitversorgen musste, ließ er alle Klöster in Konstanz auflösen, bis auf Zoffingen. Da das Kloster eine Mädchenschule unterhielt, kam es den aufgeklärten Ideen des Kaisers entgegen, die Schwestern durften bleiben und ihr Konvent »arbeitet« bis heute.

KANONIKERSTIFTE ► Nach 800, als die Personalunion von Bischof und Abt von St. Gallen und Reichenau sich verlor, schuf sich der Bischof von Konstanz ein eigenes Organ für Verwaltungs- und Bildungsaufgaben. Somit war das erste Kanonikerstift das Domkapitel, das zunächst seinen Sitz in den Kapelräumen am unteren Münsterhof hatte. Um 900 wurde vermutlich durch Bischof Salomon III. das Stift St. Stephan gegründet. 940 folgte das Stift St. Mauritius, von Konrad höchstselbst ins Leben gerufen. Seine Kirche grenzte an den Chor der Bischofskirche und war ein Rundbau, der das Heilige Grab in Jerusalem nachbildete. Hier sollten zwölf Priester zusammen beten und sich um das Armenhospiz in Kreuzlingen kümmern.

► Geht man im Münster zur Krypta hinab und hält sich dann links, gelangt man in den Kreuzgang: Von hier hat man Zugang zur Mauritiusrotunde, in der sich die Nachbildung des Heiligen Grabes aus der Zeit um 1300 befindet. Neben der Mauritiusrotunde befindet sich der Eingang zur Sylvesterkapelle, deren Passionszyklus aus der Renaissancezeit stammt; das Jüngste Gericht über dem Ausgang ist sehr sehenswert. Im Kreuzgang selbst befinden sich Wappen von Domherren aus vier Jahrhunderten. Es lohnt sich, an einer Führung teilzunehmen, denn dabei können die Domschule und der Kapitelsaal besichtigt werden. Bei einem Spaziergang durch die Niederburg sind noch einige Domherrenhöfe zu sehen. In Kreuzlingen erinnern noch die Kirche und das Lehrerseminar an das ehemalige Chorherrenstift.

LINKE SEITE **Kreuzgang** *Münster Konstanz* | UNTEN **Mauritiusrotunde**

PETERSHAUSEN ▶ Hat man den Spaziergang durch die Niederburg beendet, gelangt man durch die Rheingasse zum Rheintorturm an der Rheinbrücke. Auf der gegenüberliegenden Seite erkennt man bereits das Areal des Archäologischen Landesmuseums und der Polizeidirektion. Diese Institutionen sind in Gebäuden untergebracht, die an das erste eigentliche Kloster in Konstanz, St. Gregor/Petershausen, erinnern.

▶ Bischof Gebhard II. gründete 983 dieses Kloster vor den Toren der Stadt und der Ort war mit Bedacht gewählt: Konstanz sollte zur »Roma secunda«, zum zweiten Rom, umgestaltet werden und aus diesem Grund wurden verschiedene Kirchen errichtet, die den wichtigsten in Rom entsprachen: St. Paul und St. Lorenz vor der Stadtmauer, St. Johann und abschließend, auf der anderen Rheinseite, St. Gregor/Petershausen, das der Peterskirche jenseits des Tiber in Rom entsprach. Durch diese städtebauliche Maßnahme entwickelte sich Konstanz zu einem Pilgerzentrum ersten Ranges. Die Pilger zogen betend in Prozessionen von Kirche zu Kirche und zudem brachten diese Wallfahrten der Stadt einen wirtschaftlichen Aufschwung.

▶ Gebhard II. orientierte sich am Modell Einsiedeln und von dort kamen auch die ersten Mönche und die ersten drei Äbte. Zudem sorgte er für die Aufwertung seiner Gründung, indem er dem Kloster Reliquien Gregors des Großen und des Apostels Philipp vermachte und sich 995 in der eben eingeweihten Klosterkirche bestatten ließ.

▶ Im 11. Jh. schloss sich das Kloster der Hirsauer Reform an, die von dem Anspruch getragen war, dass die kirchlichen Institutionen unabhängig und selbstbestimmt agieren müssten, um ihrer Aufgabe als Mittler zwischen der himmlischen und irdischen Welt gerecht werden zu können. Diese neuen Impulse brachten zudem eine Breitenwirkung mit sich, die sich in den von Petershausen ausgehenden Gründungen Mehrerau bei Bregenz und Fischingen bei Wil zeigten. Ein weiterer Höhepunkt in der Klostergeschichte bildete das Provinzialkapitel, das 1417 in Petershausen tagte: 126 Vertreter von Benediktinerabteien rangen in der Konzilszeit um Reformen, um die Missstände ihres Ordens zu beseitigen. Die Reformationszeit und ihre Folgen, vor allem das Bestreben von Konstanz, Petershausen einzugemeinden, setzten dem Kloster arg zu und es erholte sich erst im 18. Jh., wovon die Konventbauten von 1796 zeugen. Die Kirche, die aus der Zeit um 1180 stammt, wurde 1831 abgerissen, die übrigen Konventbauten aus der Barockzeit vermitteln noch einen leisen Eindruck der ehemaligen Klosteranlage. Heute sind hier die Polizeidirektion, eine Musikschule, das Stadtarchiv und, unerlässlich zur Vergegenwärtigung der Konstanzer Geschichte, das Archäologische Landesmuseum untergebracht, dessen zweiter Stock ganz der Mittelalterarchäologie vorbehalten ist.

SCHOTTENKLOSTER ▶ Geht man vom Pulverturm aus die Untere Laube entlang, liegt rechterhand das Humboldt-Gymnasium. In das der Laube abgewandte Ende des Schulhofes, von Bäumen bestanden, schmiegt sich eine kleine Kapelle, die ebenfalls von der Geschichte eines Klosters zeugt:

▶ Bischof Hermann I. gründete 1142 vor den Toren der Stadt ein Kloster, das er mit iro-schottischen Mönchen aus Regensburg besetzte. Knapp 600 Jahre nach Columban und Gallus setzte eine zweite irische Missionierungswelle im Süden Deutschlands ein. Ähnlich wie Columban, der die strenge Zucht der »Selbstabtötung« vertrat, folgten die neuen Mönche strikten Normen. Viele von ihnen waren »Reklusen«, das heißt sie ließen sich einmauern, um Buße zu tun; eine Form der Askese und Klausur, die bei der Bevölkerung kaum Anklang fand, und so stand das Kloster bereits während der Reformation leer. Das Kloster wurde von der Gemeinde abgerissen, die hier ein Siechenhaus und einen Friedhof anlegte. 1589 wurde die heutige Kapelle namens »Schottenkapelle« errichtet, die lange Zeit ungenutzt blieb, heute aber wieder von einer kleinen Gemeinde genutzt wird.

DOMINIKANERINSEL ▶ Spaziert man vom Hafen durch den Stadtgarten, zieht die kleine Insel zur Rechten den Blick des Betrachters auf sich. Dort, wo heute das Inselhotel steht, lebten ab dem 13. Jh. Dominikanermönche.

Bischof Heinrich von Tanne stellte den 1236 nach Konstanz gekommenen Dominikanern diese exquisite Insel zur Verfügung, die bis dahin dem Kloster Petershausen gehört hatte. Die Gebäude, die noch heute der Insel ihr Gepräge verleihen, wurden im Laufe des 13. Jh. erbaut: eine dreischiffige Kirche, die heute als Festsaal des Inselhotels dient, und der Kreuzgang mit den anliegenden Gemeinschaftsräumen und Zellen, die als Restaurant, Küche und Gästezimmer genutzt werden. Es lohnt sich, die Malereien der ehemaligen Kirche, die vollständig ausgemalt war, bei günstiger Gelegenheit zu betrachten.

▶ Der bekannteste Mönch, der auf der Insel lebte, war der Mystiker Heinrich Seuse, von den Konstanzern »Suso« genannt, der 1310 als 13-jähriger Junge dem Dominikanerkonvent beitrat. Im Kloster herrschten nicht mehr Armut und Eifer wie zu Anfang, es hatten sich vielmehr Behaglichkeit und Lässigkeit breit gemacht. Seuse entschloss sich zu innerer Umkehr und bekam von einem Jugendfreund zu hören, was fast wie Konstanzer Lebensphilosophie schlechthin klingt: »Es mag wohl gut sein, dass du besser werden willst, aber mach nicht so schnell damit! Fang es maßvoll an, damit du es vollbringen kannst! Iß und trink kräftig, tu dir gütlich und hüte dich dadurch vor Sünden! Sei in dir selbst so gut, wie du willst,

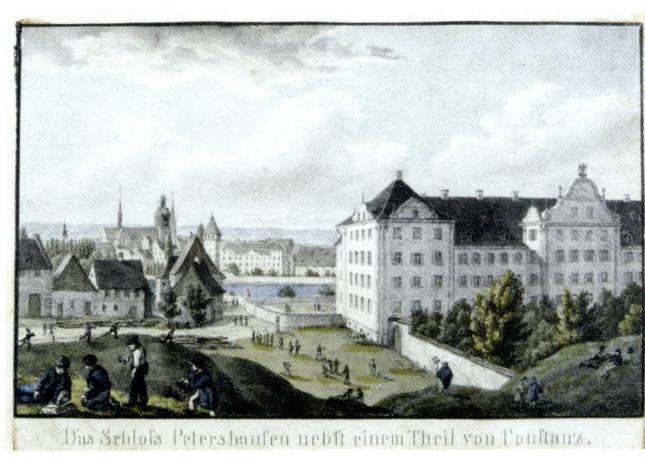

OBEN **Dominikanerkloster von Südost** *Ansicht aus der 1. Hälfte des 19. Jahrhunderts* | UNTEN **Schloß Petershausen**

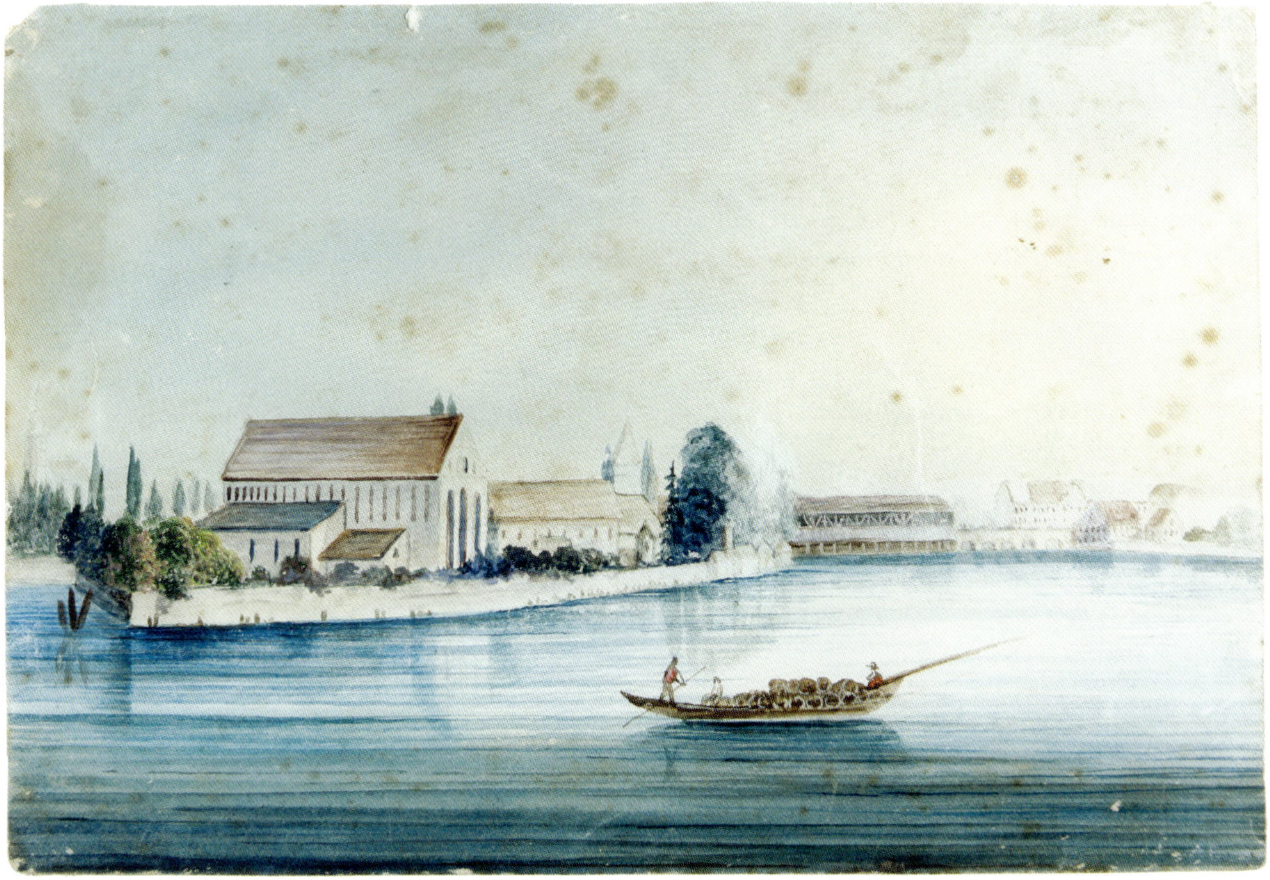

Das Schloss Petershausen nebst einem Theil von Constanz.

LINKS **Inselhotel Konstanz** *ehemaliger Kreuzgang* | RECHTS **St. Stefan** *Chorraum*

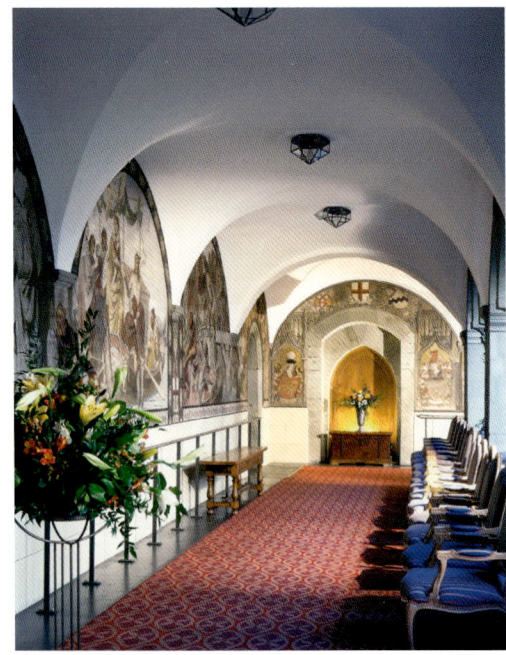

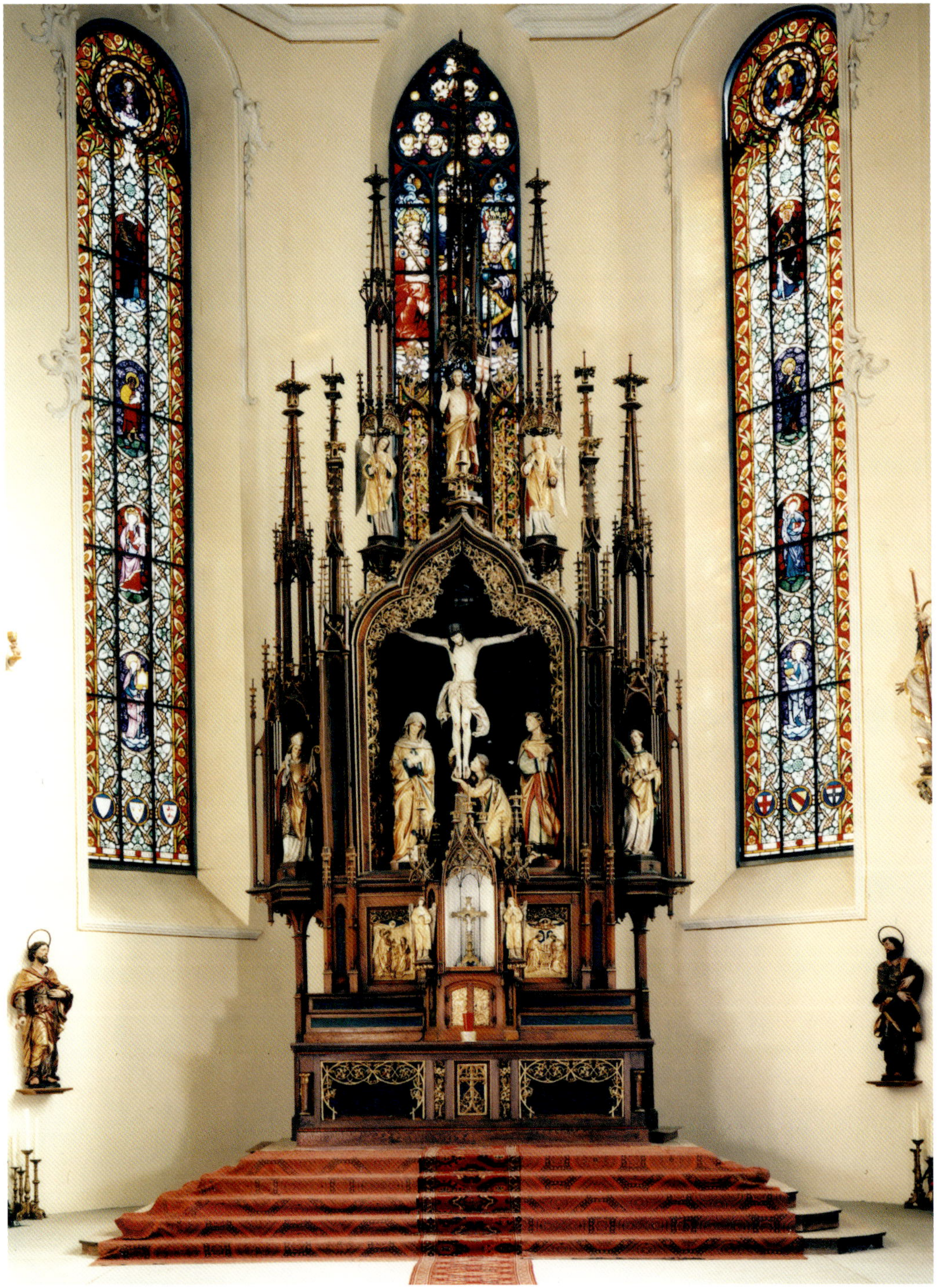

aber nach außen so mäßig, dass den Leuten nicht vor dir graut! Wie die Leute sagen: Ist das Herz gut, so ist alles gut. Du kannst mit den Leuten fröhlich und doch ein guter Mensch sein. Andere Menschen wollen auch in den Himmel kommen und führen kein so strenges Leben.« (Arno Borst). Seuse allerdings hielt sich nicht an diesen Rat, er begann zu fasten, arm zu leben, sich zu geißeln und zu kasteien. Nach 1339 begab sich Seuse nach Köln, um sich dort als Lektor ausbilden zu lassen. Einer seiner Lehrer war Meister Eckhart. Heinrich Seuse machte durch seine Predigten und Schriften, die er auf deutsch verfasste und hielt, von sich reden, hatte aber immer mit Anfeindungen zu kämpfen. Zwar war er zwischenzeitlich Prior des Konstanzer Konvents, allerdings wurde er 1347 zu Unrecht wegen Vergewaltigung nach Ulm verbannt, wo er 1366 starb.

► Heute tragen in der Stadt eine Kirche, ein Gymnasium, eine Apotheke und eine Straße seinen (latinisierten) Namen. Im Kreuzgang des Inselklosters befindet sich ein Historiengemälde von Carl Häberlin, das die Geschichte des ehemaligen Klosters darstellt. Wie fast alle Klöster in Konstanz wurde auch das Inselkloster aufgelöst. Die Insel wurde einer Familie überlassen, die hier eine Stofffabrik einrichtete. Ein Spross dieser Familie war Ferdinand Graf Zeppelin, der 1838 auf der Insel zur Welt kam und später das Zeppelin-Luftschiff baute. Seit 1874 werden die Gebäude als Inselhotel genutzt, wobei 1966 in einem Seitentrakt des Hotels für kurze Zeit die Universität untergebracht war.

KLOSTER ZOFFINGEN ► »Wer durch die Brückengasse schlendert, hat meist nur Augen für die Spitalkellerei und das Fachwerkhaus daneben. Er achtet kaum auf das unscheinbare Kirchlein gegenüber mit dem Dachreiter und dem scheu in die Ecke gedrängten Portal. Hier wurde die Kontinuität des Mönchtums weder durch die Reformation noch durch die Revolution gebrochen.« (Arno Borst)
Dieser Gebäudekomplex nahe der Rheinbrücke ist seit 1257 immer von Nonnen bewohnt und, neben dem Frauenkloster St. Ottilia Grimmenstein, bei Walzenhausen im Kanton Appenzell/Ausserrhoden, das einzige Kloster am Bodensee, das seit dem Mittelalter »arbeitet«; sogar die Ordenszugehörigkeit wurde kontinuierlich beibehalten. Lediglich die Aufgaben der Schwestern haben sich, übrigens vor mehr als 200 Jahren, gewandelt, sind aber in der modernen Welt angekommen: Ab 1775 wirkten die Schwestern im Schuldienst, bis zu Beginn des 21. Jh. der Schulbetrieb eingestellt wurde. Daneben waren die Schwestern in der Gemeindearbeit als Kommunionhelferinnen tätig, daneben bieten sie Vorträge in der »Akademie der älteren Generation« an.

► Um 1257 ließ sich eine Sammlung von Beginen an der Stadtmauer in der Niederburg nieder und erhielt 1266 von dem Domscholaster Burchard von Zofingen ein weiteres Haus dazu. Der Konvent, der sich rasch Zoffingen nannte, lebte zunächst nach der Augustinusregel, wurde aber 1318 durch den Bischof von Konstanz der Aufsicht des Dominikanerklosters unterstellt. 1775 wurde eine Mädchenschule eingerichtet und dadurch blieben die Schwestern vor der Auflösung durch Joseph II. verschont.

► Geht man die Brückengasse hinab, kommt man direkt zum Portal der kleinen Klosterkirche, die sich eng an die Mauer anschmiegt. Die Kirche stammt aus gotischer Zeit, ist aber, wie man rasch erkennt wenn man sie betritt und den Raum auf sich wirken lässt, im Innern barockisiert. Das Hochaltarbild, »Rosenkranzbild« genannt, zeigt die Gottesmutter, den heiligen Dominikus und die heilige Katharina von Siena. Ein Seitenaltar stellt die Nachbildung des Gnadenbildes von Altötting dar, das der Domherr Abraham Megerle dem Kloster 1654 schenkte. In der Wand links hinten sieht man das Epitaph, die Grabplatte, des Domherrn Megerle, der hier beigesetzt wurde.
Verlässt man die Kirche, findet sich gleich rechter Hand das Klosterportal, das in einen Innenhof führt. Von hier gelangt man zur Pforte und in den Klosterladen, in dem man ein wenig stöbern oder einen kleinen Plausch halten kann.

PFARRKIRCHE ST. STEPHAN ► Geht man vom Münster Richtung Innenstadt und folgt der Wessenbergstraße, liegt rechter Hand die Stephanskirche mit ihrem spätgotischen Turm. Sie gehört zu den ältesten Kirchen am Bodensee, zu den schönsten in Konstanz und steht im Zusammenhang mit dem Chorherrenstift, das Bischof Salomon III. (890–919) um 900 an diese Kirche verlegte (siehe oben). Das Stift bestand, mit einer Unterbrechung während der Reformationszeit, bis 1807. Seither dient die Kirche als Pfarrkirche der katholischen Altstadtpfarrei.

► Bereits von außen erkennt man den dreischiffigen Kirchenbau und wenn man den Innenraum betritt, wird man von einem wunderbaren Farbenspiel empfangen: Im flachgedeckten Mittelschiff befinden sich an den Obergadenwänden je sechs Bilder, die Szenen aus dem Leben Jesu schildern. Zudem befinden sich in den Zwischenräumen sowie in den Zwickeln Darstellungen von Kirchengelehrten und Heiligenfiguren. Bemerkenswert sind die Pfeiler des Langhauses, denn auf ihnen finden sich Fresken, die ganzfigurig Apostel zeigen und aus der Zeit um 1572 bis 1583 stammen. An der nördlichen Langhauswand, zwischen dem vierten und fünften Pfeiler im Obergaden, wurde die ehemalige Ausstattung der Wände noch belassen und somit erhält der Besucher einen Eindruck vom ehemaligen Gesamtwerk. Wendet man sich dem Chorraum zu, so fällt zunächst der Hochaltar aus Eichenholz auf, der 1863 hier aufgestellt wurde. Die Mittelnische zeigt eine geschnitzte Kreuzigung. Das zweireihige Chorgestühl besteht aus insgesamt drei Teilen: Der älteste Teil, aus der Zeit um 1270, stammt aus dem Konstanzer Münster, als das Domstift 1470 ein neues Gestühl erstellen ließ. Ein weiterer Teil stammt aus der gotischen Umbauphase, als der Chor von West nach Ost verlegt und schließlich noch durch weitere Teile ergänzt wurde. Das Deckengemälde im Chor stammt von Franz Ludwig Hermann (um 1770) und zeigt die Anbetung des Lammes Gottes. Wendet man sich dann zum Verlassen der Kirche, so fällt der schöne Orgelprospekt auf der Empore ins Auge. Die Orgel stammt übrigens aus Salem, sie ist die ehemalige Tabernakel-Chororgel, die 1817 nach St. Stephan gebracht wurde. Lediglich der Mittelturm stammt aus der ersten Hälfte des 20. Jh. Auf den Seitentürmen des Prospekts befinden sich die Patrone der Musica sacra: König David mit Harfe und die Orgel spielende Cäcilia.

FRANZISKANER ► Verlässt man die Stephanskirche und

überquert den Stephansplatz, erhebt sich vor dem Betrachter ein Schulkomplex, der links vom Bürgersaal flankiert wird. Auch dieser Ort hat eine monastische Tradition, denn hier befand sich das Franziskanerkloster. Das 13. Jh. brachte für die Bodenseeregion vor allem Impulse, die von den Bettelorden und Minderbrüdern ausgingen.

► Die Franziskaner ließen sich zunächst in Lindau nieder, wurden aber 1240 vom Konstanzer Bischof in die Stadt geholt. Nach einer kurzen Zeit in der Münzgasse, baute sich der Orden nach 1253 eine neue Kirche und neue Gebäude an der Stadtmauer beim heutigen Stephansplatz. Der neue Konvent lebte eng mit der Bürgerschaft zusammen, er war offen für jeden Bürger. Auch dieser Konvent teilte 1788 das Schicksal der meisten Konvente in Konstanz: Er wurde aufgelöst. Die heutige Nutzung der ehemaligen Konventgebäude als Schule und vor allem als Bürgersaal setzt die Offenheit und Nähe, denen der Franziskanerkonvent verpflichtet war, fort.

AUGUSTINEREREMITEN ► Von der Marktstätte gelangt

man in die Rosgartenstraße und hier erkennt man bereits die (eingerüstete) Längsseite der Dreifaltigkeitskirche, auch sie Zeugnis monastischen Lebens in Konstanz. Der dritte Orden, der im 13. Jh. nach Konstanz kam, waren die Augustinereremiten.

Während der Konzilszeit war das Kloster vorübergehend Wohnsitz König Sigismunds, der dem Konvent dafür 1417 einen Freskenzyklus für die Kirche stiftete. Die Reformationszeit bedeutete die zeitweilige Auflösung des Konvents, doch im 18. Jh. wurde die Kirche barockisiert. Doch auch dieses Kloster wurde durch Joseph II. aufgehoben, die Kirche wurde zur Pfarrkirche, die Klostergebäude profanisiert und im 20. Jh. abgerissen.

Geblieben ist die Dreifaltigkeitskirche, die zwar außen ihre gotische Form behielt, im Innern aber barockisiert und mit Kunstwerken des 19. Jh. ausgestattet wurde. Sehenswert ist die Kirche vor allem durch den Freskenzyklus an den Hochwänden des Mittelschiffs. Dargestellt sind 18 Szenen aus der Geschichte des Augustinerordens, Gestalten des Alten und Neuen Testaments und einige Heilige, unter denen sich der Namenspatron des Königs und Stifters befindet: der heilige Sigismund mit Reichsapfel und Szepter. Da die Kirche auf sumpfigem Grund errichtet wurde, hat sie sich im Laufe der Jahrhunderte immer wieder abgesenkt und wird heute umfangreich renoviert und restauriert.

REFORMATION, GEGENREFORMATION
UND SÄKULARISATION ► Insbesondere der Orden der

Kapuziner, aber auch die Jesuiten sollten in den Wirren und Folgen der Reformationszeit für den Erhalt des rechten Glaubens in der Stadt eintreten, da sie nicht nur streng waren, sondern auch moderne Ansichten in der Kirche vertraten. Beide Orden haben unterschiedliche Spuren in der Stadt hinterlassen.

► An die Kapuziner, deren Konvent 1603 durch den späteren Bischof Jakob Fugger gegründet wurde, erinnert nur noch ein Platz und ein Parkhaus bei der Hussenstraße. Ihr Klosterbau von 1694 lag direkt an der Marktstätte, in unmittelbarer Nachbarschaft zum Kornhaus und zur Brotlaube. 1819 wurde der Konvent aufgehoben, zunächst als Kaserne und dann von Post und Eisenbahn genutzt.

► Die Jesuiten, die eher auf Ablehnung stießen, haben mehr Spuren in der Stadt hinterlassen: Direkt gegenüber des Inselhotels steht das Stadttheater mit dem imposanten Reliefgemälde am Giebel. Hier befand sich das Jesuitenkolleg, das schon damals eine Aula für Theateraufführungen besaß. Gleich daneben erkennt man die Kirche St. Konrad, die ehemalige Jesuitenkirche, die heute der altkatholischen Gemeinde dient. Hat man die Gelegenheit, das Gotteshaus zu betreten, sieht man einen schönen frühbarocken Bau, dessen einschiffiger Kirchenraum von einem Tonnengewölbe umspannt wird. Dem Weiß der Wände und Decken wird ein angenehmer dunkler Akzent durch die Altäre und die Kanzel an die Seite gestellt. Verlässt man die Kirche wieder und geht den Münsterplatz bergauf, liegt direkt gegenüber dem Kreuzgang des Münsters das Kloster eines »jungen« Ordens.

DIE PALLOTINER ► Im Haus St. Joseph, einem ehemaligen Domherrenhof aus dem 13. Jh., lebt seit 1920 die »Gesellschaft des katholischen Apostolats«, wie sich die Pallotiner auch nennen. Die Brüder wollen in der Nachfolge der Apostel tätig sein, Laien zu aktivem Apostolat motivieren und Beziehungen zwischen Menschen vertiefen. Ganz ihrem Selbstverständnis gemäß steht das Haus St. Joseph jedem Interessierten für ein Gespräch offen, auch Studenten oder Asylbewerber sind zeitweise untergebracht.

OBEN **Jesuitenkirche** *Ostturm* | MITTE **St. Stefan** *Wandmalereien am Obergaden*

UNTEN LINKS **Dreifaltigkeitskirche** | UNTEN RECHTS **Dreifaltigkeitskirche** *Deckengemälde*

INSEL MAINAU –
NICHT NUR BLUMENINSEL

Ob man sich der Blumeninsel Mainau vom See oder von Land nähert, der Eindruck der vielfarbigen tropischen Flora auf den Betrachter ist wunderbar. Doch auch diese Insel zeugt von der monastischen Geschichte des Bodenseeraumes.

► Arno Borst hat den geschichtlichen Kontext der Insel so beschrieben: »Die mittelalterliche Geschichte der Mönche wird am Bodensee nicht überall durch barocke Architektur verdeckt, bisweilen auch durch tropische Flora. Auf der Insel Mainau erwecken jährlich wiederkehrender Blütenschmuck und uralte Baumriesen den Eindruck, als herrsche hier kein anderer Rhythmus zwischen Wechsel und Dauer als der natürliche. Aber wie die glatte Oberfläche des Bodensees, so täuscht der friedliche Anblick der Mainau den Unerfahrenen. Eine Blumeninsel war sie schon im Mittelalter, doch ihre Frühgeschichte spielte keineswegs im Windschatten der Provinz, ihre Anfänge waren stürmischer und internationaler als irgendwo anders im Bodenseeraum des dreizehnten Jahrhunderts. Nirgendwo sonst stießen universale Anregung und regionale Verwirklichung härter aufeinander. Der Gründungsimpuls kam von der Kreuzzugsbewegung des christlichen Abendlandes, die Formgebung von aufsässigen Ministerialen der Abtei Reichenau. Damit ist die Spannweite dieser Geschichte markiert.« Es lohnt sich, diese Geschichte bei einem (historischen) Rundgang über die Insel zu vergegenwärtigen.

► Die Frühgeschichte der Insel Mainau steht in engem Zusammenhang mit der Gründung des dritten Ritterordens neben Johannitern und Templern, dem Deutschen Orden und führt zunächst ins Heilige Land, nach Akkon. Während des von Kaiser Friedrich I. Barbarossa angeführten dritten Kreuzzugs (1189–1192) wurde um 1190 eine Bruderschaft ins Leben gerufen, die das in Akkon gegründete Feldspital, das zugleich als Nachschubbasis für deutsche Kreuzfahrer diente, militärisch schützen sollte. Nach dem Tod Barbarossas (1123–1190) wurde die Spitalbruderschaft unter Barbarossas Sohn Heinrich VI. um 1198 in einen geistlichen Ritterorden umgewandelt, den Deutschen Orden, dessen Mitglieder die monastischen Gelübde: Armut, Keuschheit und Gehorsam ablegten. Der Deutsche Orden hatte engste Kontakte zum staufischen Kaiserhaus und setzte ab dem 14. Jh. fest, dass nur deutsche Adlige Mitglied werden konnten.

► Obwohl laut Satzung auch die Krankenpflege im Mittelpunkt stehen sollte, trat diese Aufgabe schon bald in den Hintergrund, und die Deutschordensritter gebärdeten sich vor allem als Ritter, als Kämpfer für den Glauben. Als Akkon 1291 zurückerobert wurde, verlegte der Orden seinen Hauptsitz 1309 auf die Marienburg in Preußen. Von hier aus wurde der Orden zentral vom Hochmeister und dem Generalkapitel regiert. Das Ordensland war in verschiedene Verwaltungseinheiten (Balleien) unterteilt, denen wiederum die einzelnen Ordenshäuser (Kommenden, Komtureien) unterstellt waren. Diese Kommenden sollten als Etappen dienen für die Versorgung des Ritterheeres im Kampf gegen die »Ungläubigen«. Nach 1291, als die Kreuzzüge mit dem Fall Akkons endeten, gab es nur noch Kämpfe auf regionaler Ebene, wenn überhaupt, und so dienten die Kommenden vor allem als Versorgungsanstalten des Adels, dessen Mitglieder stets kampfesbereit warteten.

► Auch der Kommende Mainau ging es so, es gab nicht viel zu tun auf der Insel: Ein Spital existierte nicht und so entfiel die zentrale Aufgabe der Krankenpflege, die Seelsorge für die umliegenden Gemeinden war Aufgabe der Priester. Die Ritter taten das, wofür in früherer Zeit Ministerialen abgestellt wurden: Sie verwalteten die Güter des Ordens, von denen sie lebten. Arnold von Langenstein, Verwalter der Mainau und der meisten Gemeinden des östlichen Bodanrücks im Dienste der Abtei Reichenau, vermachte 1271 die von ihm verwalteten Güter dem Deutschen Orden, der das Geschenk dankend annahm, und das der Reichenauer Abt Albrecht zähneknirschend zu akzeptieren hatte. Arnold trat zusammen mit seinen Söhnen in den Orden ein und so hausten in der Anfangsphase des Konvents auf der Mainau einige weitere ehemalige Ministerialen mit ihren Familien in einer kleinen Burg. Erst später wurde die Insel zu einer richtigen, befestigten Burganlage ausgebaut und das heutige Erscheinungsbild von Schloss und Kirche entstammt der Barockzeit.

OBEN **Schloß und Kirche** *auf der Mainau* | UNTEN **Eine historische Inselansicht** *kolorierter Stich*

Betritt man die Insel über die Brücke, so trifft man an deren Beginn auf das Schwedenkreuz, eine bronzene Kreuzigungsgruppe von 1577. Nach der Legende wollten die Schweden, die während des Dreißigjährigen Krieges die Insel eroberten und plünderten, dieses Kreuz wegtragen. Da es aber sehr schwer war, mussten sie das Kreuz im seichten Wasser zurücklassen, wo es später gefunden und an Ort und Stelle zur Erinnerung aufgestellt wurde. Es ist eine sehr eindrucksvolle Darstellung mit den beiden Schächern, die an Tao-Kreuze gefesselt sind.

▶ Hat man die Kasse passiert und das »Kinderland« hinter sich gelassen, sieht man den – leider nicht zugänglichen – Schwedenturm, der wohl Teil des äußeren Befestigungsrings der Mainau war. Über der Eingangstür erkennt man die Jahreszahl 1558 und das Wappen des Deutschen Ordens. Geht man weiter nach oben Richtung Schloss, kommt man am Torhaus, das ein Teil des inneren Mauerrings war und aus dem Jahr 1764 stammt, vorbei. Heute befinden sich hier Verwaltungsräume und das Service-Zentrum. Neben dem Torbogengebäude erhebt sich der Gärtnerturm, auch Wehrturm genannt, in dem ein Informationszentrum untergebracht ist.

▶ Der große Schlosshof war ursprünglich ein Schlossgraben. Nikolaus Fürst Esterhazy erwarb nach der Säkularisation vom Staat Baden die Mainau, ließ den Graben zuschütten und den Hof anlegen, der dem Barockschloss den würdigen Rahmen verleiht. Majestätisch öffnet sich die Dreiflügelanlage zum Hof hin, wobei im Giebel des Mittelbaus, an zentraler Stelle, die Wappen von Orden, Hochmeister, Landkomtur und Komtur prangen. Das Schloss wurde von 1739 bis 1756, nach Fertigstellung der Kirche, vom Ordensbaumeister Johann Caspar Bagnato gebaut, wobei der Bau einerseits ein Beispiel für den heiteren Barock am Bodensee, andererseits einen guten Eindruck seiner Funktion als Repräsentationsbau der Macht liefert. Auch hier trifft man, wie rund um den See, auf vertraute Farben: Lachsrot und frisches Gelb sind gleichsam zu äußeren Zeichen der Architektur am Bodensee geworden, zu Zeichen, die die bekannten Künstler und ihre Familien als Baumeister, Stukkateure und Maler in Zusammenarbeit gesetzt haben.

▶ Direkt neben dem Schloss befindet sich die Schlosskirche St. Marien, die zugleich Bagnatos sakrales Erstlingswerk ist. Betritt man die Kirche und lässt den Blick ein wenig schweifen, erkennt man die angestrebte Verschmelzung von Chor- und Langhaus, die dem Repräsentationsbedürfnis der Komture Rechnung trug. Die Hauptausstattung der Kirche, unter anderem Hochaltar, Seitenaltäre, Kanzel und Skupltren, stammt vom bedeutendsten Barockbildhauer des deutschen Südwestens: Joseph Anton Feuchtmayer. Die zentrale Figur des Kirchenraumes ist Maria, nicht nur, weil sie eine der drei Patrone des Deutschen Ordens ist, son-

dern weil ihr die Kirche geweiht ist, was durch Darstellungen über dem Eingangsportal, auf dem Hochaltarbild sowie auf den Deckengemälden betont wird. Der Hochaltar wird von zwei anderen Deutschordenspatronen flankiert: dem heiligen Ritter Georg und der heiligen Elisabeth, einer ungarischen Königstochter, die sich der Pflege von Aussätzigen widmete und deren Schwager Konrad von Thüringen, Hochmeister des Deutschen Ordens, ihre Heiligsprechung durchsetzte.

▶ Die Deckenfresken und das Hochaltarbild thematisieren das Leben Mariens und stammen von Franz Joseph Spiegler. Die vom Konstanzer Meister Johann Michael Bihler erbaute und von Feuchtmayer dekorierte Orgel wurde 1823 verkauft und 1860 durch eine Orgel im spätklassizistischen Stil ersetzt.

▶ Bemerkenswert an den Seitenaltären, die noch vor der Chorschranke stehen, ist die Expressivität der Engelpaare, deren Mimik und Gestik fein ausgearbeitet ist. Besonders eindrucksvoll ist die Mobilisierung des Betrachterblicks, die durch eben jene Expressivität der Engel hervorgerufen wird: Durch den Blickkontakt zwischen Betrachter und Kunstobjekt wird der Betrachterblick über den Altar zur Kanzel gelenkt, denn von dort sollte der Gläubige das Wort Gottes vernehmen. Die Marienkirche der Insel Mainau bietet somit einen vorzüglichen Einblick in das Schaffen Joseph Anton Feuchtmayers.

▶ Als Abschluss des Inselrundgangs bietet sich der Weinkeller des Komturs an, der sich beim Hafen befindet. Der Keller ist Teil der ehemaligen Schlossanlage, deren Grundmauern teilweise den Molassefelsen mit einbeziehen, auf dem die Mainau ruht. Eine besondere Attraktion des Comturey-Kellers ist vor allem das 25000 Liter fassende »Zehntfass«, in dem der Inselrundgang bei einem »Viertele« ausklingen kann.

OBEN LINKS **Wappen** *am Schloß Mainau*

OBEN RECHTS **Luftbild** *der Insel Mainau* | MITTE **Innenansicht** *der Mainauer Schloßkirche* | UNTEN **Fresken** *in der Schloßkirche (Detail)*

INSEL REICHENAU –
EINE PERLE MONASTISCHER GESCHICHTE

Kaum ein Ort am Bodensee vermittelt dem Interessierten mehr über das monastische Leben am Bodensee als die Insel Reichenau mit ihren drei Kirchen St. Peter und Paul, dem Münster St. Maria und Markus und St. Georg.

► Fährt man über den Inseldamm zur Reichenau, wird man noch vor Oberzell von der Pirminstatue begrüßt. Mit Pirmin beginnt 724 die mönchische, bisweilen politische, aber auch dichterische Geschichte der Klosterinsel Reichenau, die so viele bedeutende Mönche hervorgebracht hat.

► Am Beginn des Inselrundgangs steht nicht ohne Grund die Statue Pirmins, denn die Gründungsphase des Klosters Reichenau ist untrennbar mit seinem Namen verbunden. Im Jahre 724 gründete Pirmin, im Auftrag des fränkischen Hausmeiers Karl Martell, ein Kloster. Diese enge Verbindung zwischen Mönchtum und fränkischem Herrschergeschlecht sollte zum einen der materiellen Sicherheit der Neugründung dienen, bot aber für die fränkischen Herrscher auch die Möglichkeit der Einflussnahme und der Sicherung der politischen Herrschaft.

► Das Kloster Reichenau hat bedeutende Äbte und Mönche hervorgebracht, darunter die Äbte Waldo, Heito, Hatto und Walahfrid Strabo, nicht zu vergessen die Mönche Wetti und Hermann der Lahme. Insbesondere das 9. Jh. gilt als der wichtigste Abschnitt in der Geschichte der Reichenau, denn in dieser Zeit wurden im Kloster nicht nur Wissenschaft, Philologie und Kunst gefördert, auch auf dem Felde der Politik spielten die Äbte der Reichenau eine bedeutende Rolle. Stellvertretend für diese Universalität kann Walahfrid Strabo genannt werden, denn er war Mönch, Dichter, Gelehrter, Erzieher und Abt.

► Sein bekanntestes Werk als Dichter ist der in lateinischen Versen verfasste »Hortulus«, eine poetische Abhandlung über seinen Kräutergarten, die man sich hinter dem Münster St. Maria und Markus ganz unmittelbar vergegenwärtigen kann: Der Kräutergarten hinter dem Münster orientiert sich an Walahfrids »Hortulus«. Walahfrids wichtigstes Werk ist aber die »Visio Wettini« in Hexametern, die wie kein anderes von Walahfrids sprachlicher Brillanz zeugt: In knapp 1000 Verse hat Walahfrid die Jenseitsvision seines Lehrers Wetti gegossen. Diese Vision war brisant, sah doch Wetti darin Karl den Großen für seine fleischlichen Verfehlungen büßen. Doch Walahfrid nennt den Herrscher nicht explizit, sondern – und dies zeugt von seinem großen Rang als Dichter – in Akrostichen. Nicht zu vergessen sind auch seine hagiographischen und liturgischen Schriften.

► Ein weiteres bedeutendes Zeugnis des 9. Jh. ist die erste überlieferte Bauzeichnung, die zudem die Universalität der Regula Benedicti sinnfällig vor Augen führt: der so genannte »St. Galler Klosterplan«. Um 830 wurde dieser Plan auf der Reichenau gezeichnet und dem St. Galler Abt Gozbert geschickt. Zwar wurden Teile davon erbaut, niemals aber der ganze Komplex. Der St. Galler Klosterplan ist ein einmaliges Zeitdokument, weil er dem heutigen Betrachter eine Vorstellung einer Klosteranlage in fränkischer Zeit vermittttelt und die Idee eines Konvents nach der Regula Benedicti, als Ort des Betens und der Arbeit, vor Augen führt. Während der Zeit, als der Klosterplan entstand, zählte der Konvent 111 Mönche und die Bibliothek, die durch Reginbert systematisch erweitert wurde, 415 Bände, eine stattliche Anzahl für die Mitte des 9. Jh. Unter Abt Heito (806–823) wurde die Abteikirche neu gebaut und 816 geweiht; um die Zeit seiner Resignation legte man – vermutlich auf Heitos Anregung hin – das Reichenauer Verbrüderungsbuch an. Darin wurden zu jedem einzelnen Konvent die Namen aller dort lebenden Mönche verzeichnet, die in das Gebet einbezogen werden sollten. Somit zeugt das Verbrüderungsbuch nicht nur von den vielfältigen Kontakten der Reichenau zu anderen Klöstern des deutschen Südwestens und Frankens, sondern es ermöglicht dem heutigen Menschen, den Namen jedes Mönches zu kennen; damit wird es zu einer unschätzbaren Sachquelle. Einen künstlerischen Höhepunkt erlebte die Abtei im 10. und 11. Jahrhundert, vor allem in Dichtung und Buchmalerei. Unter Abt Witigowo (985–997) entstanden im Reichenauer Skriptorium prachtvoll illustrierte Handschriften. Zehn Handschriften aus dieser Zeit wurden 2004 in

Luftaufnahme *der Insel Reichenau*

Innenansicht *von St. Georg in Oberzell*

das UNESCO-Verzeichnis »Memory of the World« aufgenommen. Die Blütezeit der Abtei Reichenau beschließen Abt Berno (1008–1048) und Hermann der Lahme (†1054), der aufgrund einer körperlichen Beeinträchtigung so genannt wurde. Trotz dieser schweren Behinderung war Hermann geistig so umfassend begabt, dass er europaweit als »Wunder des Jahrhunderts« gerühmt wurde, denn er war Theologe, Astronom, Mathematiker, Geschichtsschreiber, Dichter und Musiker: Er schrieb eine Weltchronik, beschäftigte sich mit Sonnenfinsternissen, baute Musikinstrumente, Uhren und weitere mechanische Geräte. Zudem gehen die beiden marianischen Antiphonen »Alma redemptionis mater« und »Salve regina« auf ihn zurück.

► In der Folgezeit sank der Stern der Reichenau langsam aber stetig. Gründe hierfür gab es viele: Einerseits beschnitt sich die Abtei selbst den Zulauf neuer Mönche durch die Bestimmung, nur noch Adlige aufzunehmen. Innerhalb der Gesellschaft verlor der Adel an Bedeutung durch das Erstarken des Bürgertums in den Städten. Auf diese gesellschaftlichen Veränderungen reagierten neue Ordensbewegungen wie die Franziskaner oder die Dominikaner, die sich bewusst in Städten ansiedelten und für jedermann offen waren. All diese Faktoren führten dazu, dass der Konvent 1414 nur noch zwei Klosterherren zählte und 1540 vom damaligen Abt der Reichenau dem Bischof von Konstanz übergeben wurde. Die einst mächtige Abtei wurde nun als Priorat weitergeführt. Der Bischof Jakob Fugger (1604–1626) förderte den Neubau der Klosteranlagen südlich des Münsters in Mittelzell, doch bereits 1757 wurde das Kloster aufgehoben und die Reichenau 1803 als bischöfliches Gut säkularisiert.

► Von dieser großen und bedeutenden Geschichte der Kloserinsel zeugen die heutigen Pfarrkirchen St. Georg in Oberzell und St. Peter und Paul in Niederzell, sowie das Münster St. Maria und Markus.

ST. GEORG, OBERZELL ► Hat man die Pappelallee hinter sich gelassen, erkennt man bereits die auf dem leichten Hügel ruhende St. Georgskirche. Mit ihrem schmalen, hochgezogenen Chor, ihren drei Schiffen und dem gedrückten Vierungsturm erhebt sich die Kirche schön in ihrer Umgebung. Diese Kirche ist von außen insofern bemerkenswert, als dass die Form dieses um 888 errichteten Kirchenbaus heute noch fast unverändert zu erkennen ist.

► Betritt man nun die Kirche und lässt den Blick durch das Mittelschiff und über die Seitenwände entlang gleiten, kann die Kostbarkeit St. Georgs unmittelbar erfahren, besser: gelesen, werden. Heutige Kirchen erscheinen dem Betrachter schlicht und kahl, doch romanische (und gotische) Kirchen waren bunt bemalt und es ist ein glücklicher

OBEN **Die Ofenkachel** *zeigt Hermann den Lahmen*

UNTEN **Widmungsblatt** *des Egbert-Codex; entstanden auf der Reichenau*

Umstand, dass die aus dem 10., vielleicht sogar aus dem 9. Jh. stammenden Wandmalereien erhalten geblieben sind. Diese beeindrucken nicht nur durch ihre Technik und ihre Szenen, sie vermitteln dem modernen Betrachter auch die Funktion einer mittelalterlichen Kirche: Das Wort Gottes, die Glaubensinhalte, wurden den Gläubigen durch eben diese Bilder vermittelt. Sie sollten auch zu den Gläubigen sprechen, die weder lesen noch schreiben konnten. Christus tritt jeweils von links ins Bildfeld, und somit ist auch die (mittlerweile gewohnte) Leserichtung der Bilder vorgegeben, die durch die Bildunterschriften, »tituli« genannt, gestützt wird. Nord- und Südwand (links und rechts vom Betrachter) zeigen jeweils vier Szenen aus den Evangelien. Schreitet man die Nordwand ab, so sieht man folgende Szenen: die Heilung des Besessenen von Gerasa (Mk 5,1–20), die Heilung eines Wassersüchtigen (Lk 14,1–6), die Beruhigung des Sturmes auf dem See Genesaret (Mk 4,35–41) und die Heilung des Blindgeborenen (Joh 9,1–41). Wendet man sich nun der Südwand zu, sieht man von links nach rechts: die Heilung eines Aussätzigen (Mk 1,40–45), die Auferweckung eines jungen Mannes in Nain (Lk 7,11–17), die Auferweckung der Tochter des Jairus und die Heilung einer kranken Frau (Mk 5,21–43) und die Auferweckung des Lazarus (Joh 11,1–45).

► Alle Wandbilder sind Illustrationen zu Evangelien der Messe und werden deshalb Perikopen genannt. Links und rechts der breiten Steintreppe, die zum Chorraum hinaufführt, erkennt man die Eingänge, die zur Krypta hinabführen, die allerdings nicht für Besichtigungen zugänglich ist.

► Hat man die Wandmalereien, die die Kraft Christi und des Christentums demonstrieren, auf sich wirken lassen und wendet sich zum Verlassen des Kirchenraumes der Kirchentür zu, so muss man das Weltgericht, das ein Konstanzer Maler im 18. Jh. in der Westapsis malte, gleichsam körperlich durchschreiten. Auch dies unterstreicht die Funktion der Bilder in einer Kirche: Glaubensinhalte konnten gehört, gesehen und sogar erlebt werden.

MÜNSTER ST. MARIA UND MARKUS

► Fährt man weiter nach Mittelzell und hält sich in der Pirminstraße nach rechts, so führt die steile Straße zum Münsterplatz hinab. Hier hat man das eindrucksvollste Zeugnis der ehemaligen Abtei vor sich, die einstige Klosterkirche und heutige Pfarrkirche: das Münster St. Maria und Markus.

► Schlendert man zunächst um das Münster herum, um sich die Dimensionen dieser Anlage zu vergegenwärtigen, erkennt man recht bald, dass das Münster eine bewegte Baugeschichte hinter sich hat. Der älteste Baubestand der Kirche aus dem 8. Jh., der in den Fundamenten

LIMKS **Innenansicht** *des Münsters St. Maria und Markus* | OBEN **Der Kräutergarten** *am Münster Reichenau*

OBEN Ein Ölgemälde *zeigt die Ankunft Pirmins*

MITTE LINKS Der Johannes- und Paulus-Schrein *entstand um 1300*

MITTE RECHTS Die Heilig-Blut-Relique

UNTEN »Walahfried-Codex«

die einzige noch auf der Reichenau aufbewahrte Buchmalerei

noch erhalten ist, befindet sich unter dem Boden des nördlichen Seitenschiffs. Der heute noch sichtbare älteste Teil des Münsters besteht aus der Vierung und dem Querhaus im Osten. Von Heitos »Kreuzbasilika«, die am 16. August 816 geweiht wurde, stammen noch die Bogen der Vierung und Teile der Seitenarme.

▶ Betritt man das Münster durch das Westquerhaus, befindet man sich in der »Markusbasilika«, die durch Abt Berno (1008–1048) erbaut und in Anwesenheit Kaiser Heinrichs III. wenige Wochen vor Bernos Tod geweiht wurde. Bemerkenswert ist der Markuschor durch seine majestätischen Bogen der Vierung und die in den Turm hineingewölbte Apsis mit dem großen Westfenster, »Kaiserloge« genannt. Abt Berno liegt vor dem gotischen Kastenaltar, dem Markusaltar, begraben. Zudem befinden sich in diesem Altar heute wieder Reliquien des Evangelisten Markus in der Kopie des Markusschreins. Von Bernos Ruhestätte aus bietet sich dem Betrachter ein imposanter Blick durch das Langhaus des Münsters, dessen Weite durch die niedrig gezogenen Bogen der Seitenschiffe noch betont wird.

▶ Schreitet man weiter nach vorn und richtet den Blick nach oben, sieht man den offenen »normannischen« Dachstuhl, der um 1236 errichtet wurde und an ein umgedrehtes offenes Schiff erinnert. Während der umfangreichen Restaurierung des Münsters in den 1960er Jahren konnten rund 85 Prozent des alten Eichenholzes beibehalten werden. Seit dem Abschluss dieser Maßnahmen ist der in seiner Form beeindruckende Dachstuhl wieder sichtbar.

▶ Wendet man sich linkerhand dem nördlichen Seitenschiff zu, so findet man hier das Ölgemälde »Die Rückkehr der Heilig-Blut-Reliquie im Jahr 1738« (310 x 372 cm): Ein Reichenauer Mönch brachte zur Zeit des Dreißigjährigen Krieges die Heilig-Blut-Reliquie in ein Zisterzienserinnenkloster bei Freiburg in Sicherheit. Von dort wurde sie in einer feierlichen Prozession am 26. Mai 1738 in das Reichenauer Münster zurückgebracht. Diese Reliquie ist ein byzantinisches Abtskreuz, das um 925 auf die Reichenau gekommen ist und an die Passion Jesu und sein dabei vergossenes Blut erinnert. Die barocke, mit Edelsteinen besetzte Fassung, die das Kreuz enthält, entstand anlässlich der Rückkehr der Reliquie. Das »Heilig-Blut-Fest« ist der höchste der drei »Inselfeiertage« (Mariä Himmelfahrt am 15. August und Markustag am 25. April) und wird am Montag nach dem Dreifaltigkeitssonntag begangen.

▶ Im südlichen Seitenschiff erinnert ein Ölgemälde an die Ankunft Pirmins auf der Reichenau und die legendäre Vertreibung der Schlangen. Es illustriert die Gründungsgeschichte des Klosters, wie sie Hermann der Lahme in seiner Chronik zum Jahr 724 berichtet: »Der heilige Pirmin, Abt und Bischof, wird von den Fürsten Berthold und Nebi zu Karl geführt und von ihm der Reichenau vorgesetzt. Er vertrieb dort die Schlangen und richtete während seines dreijährigen Aufenthalts das klösterliche Leben ein.« Weitere Einzelheiten der Gründungsgeschichte liegen im Dunkeln.

▶ Nähert man sich dem barocken Chorgitter, steht man vor dem ältesten Teil des Münsters, dem Ostquerhaus mit der Vierung aus der 816 geweihten Kreuzbasilika. Im spätgotischen Chorgestühl befindet sich in der Mitte die Grabplatte Gerolds (†799), des Bruders Königin Hildegards, der den Schmuck des Marienaltars stiftete. Über dem Chorgestühl erhebt sich seit 1967 die Orgel.

▶ Über weitere Stufen gelangt man in den gotischen Chor, den Abt Friedrich von Wartenberg (1427–1453) bauen ließ. In der Mitte des Chores befindet sich die neue Grabplatte für Kaiser Karl III. († 888). Der dreiflügelige Hochaltar wurde vom Konstanzer Maler Rudolf Stahel 1498 als Allerheiligen-Altar gestaltet, wobei während der Fastenzeit die Flügel geschlossen werden, auf deren Rückseiten sich Szenen der Passion Jesu befinden.

▶ Direkt neben dem Eingang zur Schatzkammer befindet sich eine kleine ausgemalte Nische, die um 1300 geschaffen wurde und das als Krug der Hochzeit zu Kana verehrte Marmorgefäß aufnehmen sollte. Seit dem 10. Jh. befindet sich der Krug auf der Reichenau und wird heute in der Schatzkammer verwahrt. Betritt man die Schatzkammer, so befindet man sich in einem gotischen Raum aus der Mitte des 15. Jh., der insbesondere Reliquien-Kunstschätze von höchstem Rang in sich birgt. Besonders sehenswert sind die Reliquienschreine von Markus, Januarius von Neapel, Johannes und Paulus und Fortunata. Der Markus-Schrein wurde um 1305 in Konstanz mit vergoldeten in Flachrelief getriebenen Silberplatten, die das Leben Jesu zeigen, geschaffen. Auch der Schrein für die Märtyrerbrüder Johannes und Paulus wurde um 1300 in Konstanz geschaffen. Erwähnenswert ist noch die Elfenbeinpyxis, die auf das 5. Jh. datiert und vermutlich aus Ravenna stammt; deren Fuß und Deckel wurden aber im 14. Jh. gefertigt.

▶ Leider sind die Reichenauer Handschriften heute in Bibliotheken wie Aachen, München, Trier oder Rom untergebracht, jedoch ist ein Evangelistar aus der Mitte des 9. Jh. erhalten geblieben, in das eine Miniatur des 11. Jh. eingeklebt wurde: Der so genannte »Walahfrid-Codex«. Hat man das Münster in seiner ganzen Vielfalt auf sich wirken lassen, empfiehlt es sich, noch einen kleinen Blick in den Kräutergarten zu werfen, der Walahfrids Dichtung »Hortulus« sehr schön veranschaulicht.

OBEN **St. Peter und Paul** *Niederzell* | RECHTS **Apsisfresko** *in St. Peter und Paul*

ST. PETER UND PAUL, NIEDERZELL ► Fährt

man nun weiter Richtung Niederzell, an den Nordwestzipfel der Reichenau, so gelangt man zur dritten Kirche der Reichenau: St. Peter und Paul. Auffällig an dieser dreischiffigen Säulenbasilika mit drei rechtwinkligen Apsiden sind die Türme über den Seitenapsiden. Das heutige Erscheinungsbild der Kirche entstammt der Zeit des frühen 12. Jh., doch die Gründung der Basilika führt zurück ins Jahr 799: Hermann der Lahme (†1054) schreibt zu diesem Jahr in seiner Chronik, dass die Petrus-Basilika von deren Stifter Egino erbaut und geweiht wurde. Dieser Egino war Bischof von Verona und ein Verwandter Königin Hildegards, der Gemahlin Karls des Großen. Der Stifter Egino starb im Jahre 802 und wurde in der von ihm gestifteten und erbauten Kirche beigesetzt.

► Die ursprüngliche Kirche war ein Saalbau mit einer Ostapsis. In einer Seitenkapelle, die südlich neben dem Chor angebaut war, konnten in den Fundamenten der Kapelle Altarplatz, Chorschranke und Taufbecken nachgewiesen werden. An der Nordseite der Kirche schlossen sich die Konventgebäude an, die um einen Innenhof angeordnet waren. Gegen Ende des 11. Jh. wurde das komplette Baugefüge abgerissen, da zwei Brände den Gebäuden argen Schaden zugefügt hatten. In der Folgezeit entstand die heutige Basilika: Um 1104 wurde der Chor, um 1126 das Langhaus fertig gestellt. Das romanische Holzwerk des Dachraums wurde, das haben dendrochronologische Untersuchungen ergeben, zwischen 1080 und 1134 gefällt. Damit kann der Zeitraum des Neubaus der Basilika recht genau eingegrenzt werden.

► Schreitet man durch die Vorhalle und betritt das Langhaus von St. Peter und Paul, befindet man sich im barockisierten Teil der Kirche, der am Altarraum endet. Das Wandbild der Ostapsis stammt aus der Zeit des Basilika-Neubaus im ersten Drittel des 12. Jh., und wurde im Jahre 1900 wieder entdeckt.

► Das Wandbild vermittelt als letztes großes Werk die Reichenauer Malkunst und zeigt den Christus Pantokrator (Allherrscher) in der Mandorla im gewölbten oberen Bildfeld. Er hält die Rechte segnend erhoben und in der Linken das aufgeschlagene Buch des Lebens. Flankiert wird die Christusfigur von den Evangelistensymbolen Adler, Löwe, Stier und Engel und natürlich auch von den Aposteln Petrus und Paulus, den Patronen der Kirche. In den Ecken dieser oberen Bildfläche befinden sich sechsflügelige Engel, die auf einem Flammenrad stehen. Diese Figuren vereinigen den Bildtyp der Cherubim und Seraphim in sich. Das obere Bildfeld nimmt, analog zu dessen Bedeutung, den größten Raum ein. Unterhalb schließen sich noch zwei weitere Bildfelder an, die jeweils durch Ornamentalleisten voneinander abgesetzt sind. Im mittleren Bildfeld sind die sitzenden Apostel mit Büchern zu erkennen. Diese repräsentieren das Neue Testament. Das untere Bildfeld ist den

stehenden Propheten vorbehalten, die offene Buchrollen halten und spitze Judenhüte tragen. Dieses Bildfeld repräsentiert das Alte Testament. Damit ergibt sich auch die inhaltliche Anordnung des gesamten Wandbildes: Das Alte Testament bildet die Grundlage des Neuen Testaments und über allem herrscht Jesus Christus.

► Leider sind nur zehn Apostel und Propheten zu erkennen. Durch die Verbreiterung des Fensters in der Gotik (um 1200?), mussten insgesamt vier Figuren weichen. Das heutige Fenster stammt von F. Geiges (1907) und stellt die Dreifaltigkeit dar. Das heutige Grab des Stifters Egino befindet sich im Chor der Basilika und ist eine Umbettung des 12. Jh. Sehenswert ist der Passionszyklus in der Eginokapelle, der gegen Ende des 12. Jh. an die West- und Nordwand der Kapelle gemalt wurde. 1756 setzte Dominikus Wurz mit seinen Stuck-Arbeiten einen heiteren Akzent. Die neubarocken Deckenmalereien stammen aus dem Jahr 1906.

► Es haben sich aber noch Spuren der Ausstattung der Kirche Eginos erhalten: das Fragment einer Chorschranke, eine lombardische Steinmetzarbeit aus der Zeit vor 799.

► Sehenswert sind zudem noch das Triumphkreuz (um 1620/30) und die Orgel mit elf Registern von Johann Baptist Lang aus Überlingen (1783).

Jetzt, nachdem man auf den kulturgeschichlichen Spuren der Abtei Reichenau gewandelt ist, kann man auch die zahlreichen idyllischen Plätzchen rund um die Gemüseinsel erkunden.

WELTKULTURERBE UND MÖNCHTUM ► Im Jahre 2002

wurde die Insel Reichenau zum Weltkulturerbe erklärt, eine Auszeichnung für die historischen Stätten auf der Insel und für den Umgang der Bewohner mit der Vergangenheit der ehemaligen Abtei. Tradition ist bei den Reichenauern gelebte Gegenwart, was sich beispielsweise an den drei Inselfeiertagen ablesen lässt.

► Seit dem Sommer 2004 gibt es eine Cella, einen Ableger des Klosters Beuron, und es leben wieder Benediktinermönche auf der Reichenau, damit ist der historische Bogen von Pirmin zur heutigen Zeit geschlagen.

► Tradition ist und bleibt gelebte Gegenwart auf der Reichenau. Darüber hinaus wurden im Herbst 2004 zehn Handschriften des 10. und 11. Jh., die auf der Reichenau entstanden, ins UNESCO »Memory of the World«-Dokumentenerbe aufgenommen, um die Bedeutung und den historischen Wert dieser prachtvollen Zeugnisse der Buch- und Miniaturkunst zu bewahren. Dazu gehören beispielsweise das Evangeliar Ottos III., das Perikopenbuch Heinrichs II., der sog. »Egbert-Codex« und die »Bamberger Apokalypse« Der Egbert-Codex wurde für den Erzbischof Egbert von Trier geschaffen, enthält 51 Miniaturen zu den Evangelien und bietet vermutlich erstmalig einen kompletten Bildzyklus zum Neuen Testament. Zwar befindet sich nur noch eine Handschrift auf der Reichenau, doch dafür wurde hier die Aufnahme ins »Memory of the World« mit einem feierlichen Gottesdienst im Münster begangen.

Faksimile *aus der »Bamburger Apokalypse«*

KLOSTER HEGNE –
TRADITION UND GEGENWARTSBEZOGENHEIT

An einem sanften Hügel an der Straße zwischen Allensbach und Konstanz ruht die Klosteranlage der Barmherzigen Schwestern vom heiligen Kreuz. Dieser Orden bezog 1892 die bis zur Säkularisation als Sommerresidenz der Bischöfe von Konstanz genutzten Gebäude, und so finden wir hier monastisches Leben am Bodensee, das auf die Gegenwart bezogen aber auf festen Traditionen errichtet ist.

▶ Das Kloster in Hegne bei Allensbach beherbergt heute rund 250 Schwestern und ist somit das größte »caritativ tätige« Kloster im Bodenseeraum. Insgesamt zählt die Provinz knapp 400 Schwestern, die im Bereich der Erzdiözese Freiburg wirken.

▶ Der Orden der Barmherzigen Schwestern vom heiligen Kreuz ist ein relativ junger Orden, der 1856 vom Kapuzinerpater Theodosius Florentini mit der ersten Generaloberin Mutter Maria Theresia Scherer in der Schweiz gegründet wurde. Der Gründungsimpuls war auf jene Menschen gemünzt, die in Zeiten der Frühindustrialisierung in Not geraten waren, und damit ganz aktuell: »Was Bedürfnis der Zeit, ist der Wille Gottes.« Deshalb wirkten die Schwestern seines Ordens in Heimen, Schulen und Spitälern, sie halfen Alten, Straffälligen und Arbeitslosen. Noch heute leben die Schwestern vom heiligen Kreuz nach diesem Grundsatz, denn sie sind unter anderem in der Obdachlosenhilfe, in Alten- und Pflegeheimen, Sozialstationen und Kindergärten tätig. Bildet die Gegenwartsbezogenheit eine Säule dieses Ordens, so gründet sich die zweite auf festen Traditionen: Die Ordensregel der Schwestern ist die des heiligen Franziskus, und neben dem Dienst an den Armen der Zeit sieht der Orden auch seine Aufgabe darin, für die Anliegen der Menschen zu beten. Jeder Besucher kann am Eingang der Krypta seine Gebetsanliegen in ein Fürbittbuch schreiben, und die Schwestern nehmen sich dann deren an. So findet die Überzeugung der Gläubigen, solidarisch im Gebet füreinander einstehen zu können, ihre reale und tätige Ausprägung.

▶ Der Orden breitete sich von Ingenbohl in der Schweiz rasch über die ganze Welt aus und zählt heute rund 4400 Kreuzschwestern in Europa, USA, Brasilien, Afrika, Indien und Taiwan. Die Provinz Baden-Hohenzollern mit dem Provinzhaus in Hegne wurde 1895 für die Schwestern in Süddeutschland gegründet.

▶ Bei den meisten Ordensgründungen im Bodenseeraum gibt es Verbindungen zum Bistum Konstanz, hier allerdings nur eine indirekte:

Schloss Hegne war von 1580 bis zur Säkularisation 1803 die Sommer-Residenz der Konstanzer Bischöfe. Erst 1892 – in der Zwischenzeit hatten die Besitzer rasch gewechselt – verkaufte der letzte Besitzer Werner de Weerth das Schloss samt Grundstück und Wirtschaftsgebäuden an die Schwestern vom heiligen Kreuz, die hier ihr Provinzhaus errichteten. Kurz danach wurde eine Kirche erbaut und im Laufe der Zeit folgten weitere Gebäude, beispielsweise das 1993 eröffnete Haus Ulrika. Hier befinden neben einem Vortragssaal und modern ausgestatteten Büros auch ein Pilgerraum, der den Pilgergruppen die Möglichkeit zum Verweilen bietet.

DIE SELIGE ULRIKA UND IHRE KIRCHE

▶ Auch Pilgergruppen besuchen das Kloster Hegne, denn hier ruhen die Gebeine der 1987 seliggesprochenen Ulrika Nisch.

▶ 1907 legte sie im Provinzhaus Hegne die Ordensgelübde ab und arbeitete als Küchenschwester in Bühl und Baden-Baden. Sie erkrankte an Tuberkulose und starb nach ihrer Rückkehr ins Provinzhaus Hegne am 8. Mai 1913. Seither erfuhr sie große Verehrung durch Menschen, die nach Hegne kamen, um an ihrem Grab zu beten. Im Jahre 1987 sprach Papst Johannes Paul II. Schwester Ulrika selig. Daraufhin wurde mit dem Bau einer Krypta begonnen, die ihre Gebeine aufnehmen sollte. Dazu bedurfte es aber einiger Anstrengungen, denn die bestehende Kirche musste bis in 11 m Tiefe unterkellert werden. Parallel zum Kryptaneubau wurde die bereits 1964 erneuerte Kirche nochmals umgestaltet. Die Mühen des Umbaus haben sich gelohnt. Die Krypta wurde 1991 geweiht und ist Ziel zahlreicher Pilger und Beter. Auch für Kunstinteressierte ist die Krypta sehenswert: Unter jedem Fenster befindet sich ein Medaillon aus der »Lauretanischen Litanei«. Darin wird Maria in Symbolen wie: »Du geheimnisvolle Rose«, »Du starker Turm Davids« oder »Du Arche

OBEN **Kloster Hegne** | UNTEN **Selige Ulrika Nisch**

OBEN **Krypta** *im Kloster Hegne* | UNTEN **Innenansicht** *der Klosterkirche*

des Bundes« angesprochen. Diese Symbole sind in den Medaillons dargestellt und es lohnt sich, diese Stationen abzuschreiten.

► Von der ursprünglichen Kirche aus dem 19. Jh. ist noch die schöne Holzkassettendecke erhalten, ansonsten hat man einen Kirchenraum der 1960er Jahre vor sich, mit zwei Emporen rechts, zu denen die Schwestern aus dem Alten- und Pflegeheim direkten Zugang haben. Betritt man den Kirchenraum, bemerkt man sogleich das große Mosaik, das die gesamte Stirnwand des Chorraums einnimmt. Das Mosaik stellt den wiederkehrenden Christus, den Weltenherrscher dar (»Christus Pantokrator«), dessen Figur das zentrale Bildfeld einnimmt und zu beiden Seiten von verschiedenen christlichen Attributen eingerahmt wird. Auf der rechten Seite befinden sich zu seinen Füßen die Evangelistensymbole Mensch, Löwe, Stier und Adler und neben seinem Haupt posaunenblasende Engel. Auf der linken Seite sind neben dem Haupt der Christusfigur das Kreuz und darunter eine Jungfrau mit Öllampe zu sehen. Der ikonographische Bezug ist eher ungewöhnlich, kann aber vermutlich als Idee des Künstlers interpretiert werden, den Schwestern eine Identifikationsfigur für ihr Gebet zu Füßen Christi zu bieten. Nähert man sich dem schlichten Altar, der eine einfache Tischform hat, so erkennt man bei näherem Hinsehen in Stein gemeißelte Weintrauben und Ähren. Sowohl der Altar als auch die Skulptur sind neu und stehen – wörtlich genommen – in engem Bezug zur Ulrika-Krypta direkt darunter. Dieses Ensemble setzt plastisch das Wort Jesu um: »Wenn das Weizenkorn nicht in die Erde fällt und erstirbt, bleibt es allein; wenn es aber erstirbt, bringt es viel Frucht.« (Joh 12,24) Sie, die selige Ulrika, ist das Weizenkorn, das hier in die Erde gesenkt wurde.

► Geht man nun hinab in die Krypta glaubt man, sich in einem romanischen Bauwerk zu befinden. Das schwere Tonnengewölbe wirkt wuchtig und ruht auf zwei Reihen von je drei massiven Säulen, dazu kommen nochmals sechs in der runden Apsis, womit sich insgesamt zwölf Säulen, analog zu den zwölf Aposteln, in der Krypta befinden. Der archaische Eindruck der Krypta resultiert einerseits aus dem schweren Tonnengewölbe und wird andererseits noch verstärkt durch die kleinen Rundbogenfenster auf der linken Seite, da die in Rot-, Blau- und Weißtönen gehaltene Onyxverglasung ein diffuses Licht eindringen lässt. Die Vorstellung, sich in einem mittelalterlichen oder frühchristlichen Raum zu befinden, wird vollends abgerundet durch den Fliesenboden, der durch Medaillons in Steineinlegearbeit aufgelockert wird. Obwohl der Raum eine bestimmte historische Atmosphäre evoziert, ist er doch ein eigenständiges, modernes Werk der zeitgenössischen Kirchenbaukunst. Der Baumeister Elmar Hillebrand, der bereits die Liebfrauenkirche in München restaurierte, hat hier einen Kirchenbau hinterlassen, der, ähnlich wie der Orden der Barmherzigen Schwestern vom heiligen Kreuz, in der Tradition verankert und auf die Gegenwart bezogen ist.

KLOSTERANLAGE ► Bei einer Führung durch eine Schwester des Klosters können neben der Kirche und der Krypta noch andere Gebäude besichtigt werden. Zum einen bietet das ehemalige Schlösschen des Bischofs mit den klassizistischen Decken und der interessanten Möblierung von der Terrasse aus einen wunderschönen Blick auf den Park mit exotischen Bäumen. Zum anderen kann auf dem Gottesacker auch das ehemalige Grab der seligen Ulrika besichtigt werden. Eine wichtige Rolle innerhalb der Klosteranlage kommt der Schule zu, dem 1925 als Haushaltungsschule gegründeten Marianum. Die private katholische Schule umfasst heute vier Schularten.

Das Haus Franziskus dient als »Haus der offenen Tür« jungen Menschen. Ein Gästehaus, das Haus St. Elisabeth, bietet Räume für Tagungen und Exerzitien und lädt mit seinem eigenen Badestrand zu Erholung und Urlaub am Bodensee ein.

STEIN AM RHEIN –
ÖKONOMIE UND MÖNCHTUM

Idyllisch liegt Stein am Rhein, dort, wo der Rhein den Bodensee verlässt, eingeschmiegt zwischen Rheinufer und der Burg Hohenklingen. Dem Besucher eröffnen sich rheinauf und rheinab wunderbare Aussichten.

▶ Im Altstadtkern hat der Besucher die Möglichkeit, zwischen mittelalterlichen Bauten und frühneuzeitlichen Gebäuden sich die Geschichte dieser Stadt zu vergegenwärtigen. Es war vor allem die wirtschaftlich günstige Lage, die der Stadt zu Bedeutung verhalf; von hier aus konnte man den Warenverkehr bis nach Basel kontrollieren.

▶ Bereits Heinrich II. wusste um die Vorzüge dieses Ortes und siedelte hier im Jahre 1005 den Benediktiner-Konvent St. Georgen an. Gegründet wurde der Konvent bereits im Jahre 970 von Herzog Burkhart II. von Schwaben und seiner Frau Hadwig (die man vielleicht aus Scheffels Roman »Ekkehart« kennt) bei ihrer Burg auf dem Hohentwiel, zunächst mit dem Ziel, innerhalb des Klosters eine Art Palastschule für junge Adlige einzurichten. Nach dem Tod Hadwigs 994, die keine direkten Nachkommen hatte, ging zunächst die Aufgabe des Klosters verloren, dann das Kloster selbst, und zwar an König Heinrich II. Dieser erhob es zur Abtei und verfolgte primär das Ziel, mit der Verlegung des Klosters den vielbenutzten Rheinübergang zwischen oberer Donau und Zürichsee abzusichern. Um 1007 verlieh Heinrich II. der Abtei das Markt- und Münzrecht und unterstellte das Kloster dem – von ihm selbst gegründeten – Bistum Bamberg. Den weltlichen Schutz garantierten zunächst die Zähringer, dann die Freiherren von Klingen (später Hohenklingen), deren Burg sich hoch über der Stadt erhebt. Die Reformation brachte das Ende des Konvents, denn ein Streit mit den Bürgern bewegte den letzten Abt David von Winkelheim dazu, den Konvent 1525 aufzuheben und ins Exil nach Radolfzell zu gehen. Die Klostergebäude fielen zunächst an Zürich, dann an die Stadt Stein am Rhein, die einige Räume an eine Stofffabrik vermietete, wodurch wertvolle Decken- und Wandgemälde und auch die Bodenbeläge teilweise oder ganz zerstört wurden. In der ersten Hälfte des 20. Jh. aber konnten, nach umfangreichen Modernisierungs- und Renovierungsmaßnahmen die historischen Gebäude der Öffentlichkeit als Museum

LINKS **Innenansicht** *der ehemaligen Klosterkirche Stein am Rhein* | OBEN **Stein am Rhein**

zugänglich gemacht werden, so dass man in Stein am Rhein die einmalige Möglichkeit besitzt, eine fast intakte Klosteranlage aus dem späten Mittelalter zu besuchen.

KLOSTERKIRCHE ► Betritt man die aus dem 12. Jh. stammende Kirche, befindet man sich im ältesten Teil der Anlage. Obwohl die Kirche renoviert wurde, sind die typischen Merkmale einer romanischen Basilika des Bodenseeraumes recht gut zu erkennen: ein dreischiffiger Innenraum mit zwei Säulenreihen, der gerade Chorabschluss und die flache Holzdecke. Im Hauptchor befinden sich Malereien, die vermutlich aus der Zeit nach dem Konzil von Konstanz datieren und wahrscheinlich von Konstanzer Malern im Auftrag des Abtes die Stifterpaare verewigten. An der südlichen Wand sind Herzogin Hadwig mit ihrem Gemahl Burkhart, an der nördlichen Wand Heinrich II. und seine Frau, die das Kloster an den Rhein verlegten, das Kirchenmodell haltend, zu sehen. Nicht zu vergessen der Patron des Rittertums und des Klosters, St. Georg, dessen Darstellungen den Besucher nicht nur in der Kirche, sondern auch beim Gang durchs Kloster stets begleiten: als Malerei, in Deckenschlusssteinen oder auf Fußbodenfliesen. In der nördlichen Chorkapelle, die mit verschiedenen Heiligen und Szenen aus der Bibel ausgemalt ist, ruhen die Herren von Hohenklingen. An der Südwand ist diese Verbindung nochmals aufgenommen, denn sie zeigt die Anbetung der Heiligen Drei Könige, in deren Gefolge sich acht Männer aus dem Geschlecht der Hohenklingen befinden. Nach dem Verlassen der Kirche kann man nun dem Museum einen Besuch abstatten.

DAS KLOSTERMUSEUM ► Auf dem Weg zum Klostermuseum betritt man zunächst durch ein gotisches Tor einen Innenhof. Zur Linken befinden sich die ältesten Klostergebäude, jene um den Kreuzgang südlich der Kirche angeordneten Räume der Klausur: Kapitelsaal, Calefactorium (Wärmeraum), Parlatorium (Sprechraum), Dormitorium (Schlaftrakt) und Refektorium (Speisesaal, einer für den Winter, einer für den Sommer). Die Gebäude stammen aus dem 13. bis 15. Jh., wobei zwischen 1400 und 1480 der Kapitelsaal erbaut und der Kreuzgang gotisch neugestaltet wurde. Zur Rechten erhebt sich die im 15. Jh. angefügte Prälatur, die Wohnung der Äbte, die absolut sehenswert ist, vor allem der Festsaal im Obergeschoss.

► Man kann zwei Bauperioden unterscheiden: zum einen die Wohnung im spätgotischen Stil und zum anderen die Wohnung des letzten Abtes David von Winkelheim im frühen Renaissancestil, bemerkenswert durch ihre Malerei und Schnitzkunst.

► Die untere Stube ist vor allem wegen ihrer geschnitzten und bemalten Holzdecke sehenswert, denn in ihr sind verschiedene Holzmedaillons eingearbeitet. Im Zentrum erkennt man St. Georg, um den sich verschiedene Tiere aus dem »Physiologus«, einer spätmittelalterlichen Schrift, in der Tiere als Symbole bestimmten christlichen Ideen zugeordnet sind, gruppieren.

► Im Obergeschoss der Prälatur befindet sich der Festsaal, der überaus bemerkenswert ist, da er einen um 1515 entstandenen Freskenzyklus zeigt, der zu den frühesten Zeugnissen der Renaissance nördlich der Alpen zählt. Bemerkenswert ist die geschnitzte und bemalte Holzdecke aus fünf Längstonnen, die einen Raum bekrönt, der souverän mit Darstellung und Illusion spielt, denn er ist realer und virtueller Raum. Er scheint sich nach außen, über eine Balustrade hinweg, als Portikus zu öffnen, durch die Bögen blickt man ins Freie oder in andere Räume. Dieses Spiel wird durch die Maltechnik und den Einsatz der Perspektive ermöglicht. Um 1515 haben hier vermutlich zwei Künstler aus Augsburg in Grisaille – einer Technik, die vorwiegend Grautöne verwendet – mit nur wenigen Farbakzenten diesen eindrucksvollen Zyklus von Wandmalereien geschaffen: Thomas Schmid und Ambrosius Holbein. Nicht nur die Technik, sondern auch die Thematik ist typisch für die Renaissancezeit: das Nebeneinander von Antike, Christentum und Gegenwart. Neben antiken Helden sind christliche Heilige dargestellt, neben dem Aufbau und der Eroberung Karthagos wird die Gründung Roms thematisiert. Szenen spielen sich vor einem Hintergrund ab, dessen Elemente auf die Gegenwart der Maler bezogen sind und dadurch dem heutigen Betrachter fast schon als Sachquellen dienen können. Man bekommt einen Eindruck, wie im 16. Jh. Städte gebaut und erobert, wie Menschen auf dem Scheiterhaufen verbrannt wurden. Auch heute Anekdotenhaftes vermittelt der Freskenzyklus, da auch zu sehen ist, wie sich Freier an Dirnen heranmachten, eine Szene, die man nicht unbedingt in einer Abtwohnung erwarten würde. Allerdings hat die Szene ihre historische Relevanz, denn sie zeigt die Zurzacher Messe, auf der neben Pferden auch Dirnen verhandelt wurden. König Albrecht hatte der Stadt ein entsprechendes Privileg erteilt, nachdem ihm einst dort von einer Prostituierten geholfen worden war.

► Die Malereien des Festsaals gaben der Malerei des Bodensees neue Impulse, da die hiesigen Künstler vor Thomas Schmid noch weitgehend im spätgotischen Stil gemalt hatten. Durch die Malereien des Festsaals konnten sie nun die neue, aus Italien stammende Darstellungskunst studieren. Verlässt man die Prälatur, kann man die übrigen Klostergebäude auf sich wirken lassen.

OBEN **Kreuzgang** *des Klostermuseums in Stein am Rhein* | UNTEN **Festsaal**

OBEN **Refektorium** | UNTEN **Die Otmarkapelle** *auf der Insel Werd*

DER KONVENT ▶ Das Klosterleben kann am besten in den Gebäuden »erlebt« werden, in denen der Konvent untergebracht war: in den Räumen um den Kreuzgang. Das Dormitorium besteht aus Einzelzellen, wobei die meisten davon nicht original, sondern rekonstruiert sind. Das Winterrefektorium, das von außen beheizt wurde, hat eine sehenswerte gewölbte Holzdecke. Durch die vielen Fenster wirkt es sehr hell, im Gegensatz zum älteren Sommerrefektorium.

Verlässt man das Museum, führt ein Weg vom Hof durch das »Rhytörli«, eine kleine Pforte, direkt zum Rhein hinab. Nun kann man einen wunderschönen Spaziergang zu den beiden anderen klösterlichen Zeugnissen in Stein am Rhein anschließen: Insel Werd und die Propstei Wagenhausen.

ST. OTMARKAPELLE AUF DER INSEL WERD

▶ Überquert man die Rheinbrücke und hält sich dann nach links, gelangt man nach etwa einer Viertelstunde nach Eschenz, von wo eine Holzbrücke zur Insel Werd hinüberführt. Dieses Inselchen mit seiner romanisch-gotischen Otmarskapelle zeugt von einem eher traurigen Kapitel monastischen Lebens am Bodensee: Der Heilige Otmar starb hier 759 als Gefangener. Er, der Thurgauer Alemanne, der in Chur ausgebildet und um 720 zur Einsiedelei St. Gallen geschickt wurde, um ein Kloster aufzubauen, geriet mitten in die Machtkämpfe zwischen fränkischen Hausmeiern und alemannischen Herzögen. Jene versuchten, ihre Zentralmacht zu stärken, diese waren auf ihre Unabhängigkeit bedacht und Klöster spielten dabei eine zentrale Rolle als Machtfaktor. Reichenau war bereits fränkisches Kloster und St. Gallen sollte es werden. Den fränkischen Funktionären schien Otmar zu sehr auf Seiten der Alemannen zu stehen, deshalb brachten sie ihn unter falschen Anschuldigungen vor Gericht und ließen ihn einsperren, zunächst in der Königspfalz Bodman, dann auf der Insel Werd, wo er 759 starb. Erst 770 holten die St. Galler Mönche die Gebeine Otmars heim. Schon 864 wurde er von Bischof Salomon in Konstanz heilig gesprochen und kurz darauf wurde die Kapelle zur Erinnerung an den Heiligen auf der Insel Werd erbaut. Zunächst ging die Insel in den Besitz des Klosters Einsiedeln über, das sie 1957 den Franziskanern überließ, die heute die Kapelle betreuen.

PROPSTEI WAGENHAUSEN

▶ Kehrt man wieder nach Stein am Rhein zurück und bleibt auf dieser Seite des Ufers, gelangt man nach etwa einer halben Stunde nach Wagenhausen. Auch dieses Klösterchen war Schauplatz eines Machtkampfes, in diesem Fall zwischen dem Kloster Schaffhausen und dem adligen Gründer Touto von Wagenhausen. Dieser ließ, um sein Seelenheil besorgt, die Kirche und die angrenzenden Gebäude errichten und unterstellte sich mit Leib und Gut dem Kloster Allerheiligen zu Schaffhausen. Nach einiger Zeit, als er selbst Herr über seine Stiftung werden wollte, stellten sich die Schaffhausener quer, denn inzwischen hatte die Hirsauer Reform, die sehr auf die Unabhängigkeit der Klöster von adligen Stiftungen achtete, Fuß gefasst. Der Bischof von Konstanz intervenierte und unterstellte Wagenhausen der Benediktinerabtei Petershausen. Nach Toutos Tod stritten sich dann die Petershauser, die Schaffhauser, die Mönche von St. Georgen und die weltlichen Erben um das kleine Kloster. Durch die zahlreichen Besitzerwechsel verkam das Kloster, bis es Allerheiligen in Schaffhausen unterstellt wurde, das einen Probst zur Verwaltung einsetzte. Während der Reformationszeit wurde, wie auch Schaffhausen, Wagenhausen aufgelöst, das seither als Gemeindekirche dient.

Betritt man die Kirche fällt zunächst die Schmalheit des Baues auf, die auf den Abbruch des dem Rhein zugewandten Seitenschiffes um 1500 zurückzuführen ist. Aus ungefähr der selben Zeit entstammt der gerade Chorabschluss. Im rechten Seitenschiff ist ein Fresko zu sehen, auf dem die Heiligen Antonius und Benedikt dargestellt sind. An der linken Chorbogenwand hat sich eine schöne Darstellung des heiligen Sebastian erhalten und in einer Bogenlaibung der nördlichen Wand eine heilige Agathe, die Beschützerin vor Feuersbrunst. Im rechten Seitenschiff befindet sich eine Pforte, durch die man in die erhaltenen Reste des Kreuzgangs gelangt.

Über den Kirchhof kann man nun den Rückweg nach Stein am Rhein antreten.

RADOLFZELL –
EIN BISCHOF AUS VERONA ALS STADTGRÜNDER

Ob man sich vom See oder von Land aus Radolfzell nähert, stets grüßt der Turm des Münsters »Unserer Lieben Frau« den Besucher. Marktplatz und Münster bilden einen zentralen Punkt in der Stadt: Aus der »Cella« ging die Stadt hervor.

▶ Ratold oder Radolf, die Schreibweise differiert bisweilen, ein alemannischer Adliger, gründete im Jahre 826 eine Zelle auf einem Gebiet am Gnadensee, das damals der Abtei Reichenau gehörte, wobei man sich unter »Zelle« eine klosterähnliche Anlage mit Kirche und Wohnstätten für Kleriker vorstellen muss. Ratold oder Radolf wurde auf der Reichenau erzogen und später zum Bischof von Verona geweiht. Nach seiner Abdankung 840 zog er sich in seine Zelle, die auf einer Anhöhe am Ufer des Sees lag, zurück, nicht ohne seine Gründung durch Reliquien der Heiligen Theopont, Senesius und Zeno aufzuwerten.

▶ Durch die günstige Lage am Ufer des Sees entwickelte sich um die Zelle nach und nach ein Marktbezirk, der 1267 zur Stadt Radolfzell erhoben wurde, und im Namen der Stadt haben sich sowohl der Gründer, als auch der monastische Ursprung erhalten.

▶ Unklar ist, unter welcher Mönchsregel die geistliche Gemeinschaft in der Gründungszeit lebte, doch aus dieser entstand im 11. Jh. ein Chorherrenstift. Chorherren, oder auch Kanoniker, unterscheiden sich von Mönchen dadurch, dass sie Priester sind, die in Gemeinschaft nach dem Vorbild Christi und der Apostel zusammenleben. Ab dem 11. und 12. Jh. nahmen diese Chorherren die Augustinusregel an und legten die drei Gelübde Gehorsam, Keuschheit und Armut ab. Zudem hatten Chorherren keinen Abt, sondern einen Stiftsprobst, im Falle Radolfzells war dies der Abt der Reichenau. Unter Abt Friedrich von Wartenberg begannen Stift und Bürgerschaft gemeinsam mit dem Bau einer repräsentativen gotischen Pfeilerbasilika (1436–1520), dem Münster »Unserer Lieben Frau«.

DAS MÜNSTER »ULF« ZU RADOLFZELL

▶ Schreitet man vom Marktplatz, am »Ratoldusbrunnen« vorbei, auf das Münster zu, steht man vor einer Pfeilerbasilika, die ein gutes Bei-

OBEN **Rosenkranzaltar** | RECHTS **Klosteranlage** *Öhningen*

spiel für gotische Architektur am Bodensee bietet, da recht wenig Veränderungen vorgenommen wurden.

► Betritt man den Kirchenraum, so fallen zunächst die niedrigen Seitenschiffe auf, die durch profilierte Bögen und Achteckpfeiler vom Mittelschiff getrennt werden. Richtet man dann den Blick nach oben, erkennt man die feinen Scherengittergewölbe, die in den Schlusssteinen die Wappen der Bürger und Stifter der Kirche tragen. Betrachtet man das Gewölbe des Mittelschiffs noch etwas genauer und vergleicht es mit dem des Chors, dann zeigt sich in der unterschiedlichen Ausgestaltung, dass der Chorraum einst als separater Raum aufgefasst, und deswegen nicht barockisiert wurde. Im nördlichen Seitenschiff befindet sich die Hausherrenkapelle, die von Johann Caspar Bagnato und Joseph Spiegler, die bereits die Mainaukapelle geschaffen hatten, stammt. Im südlichen Seitenschiff warten gleich zwei sehenswerte Kunstobjekte auf. Zum einen das aus der Entstehungszeit der Kirche datierende Fresko »Kreuztragung Christi«, an dem bemerkenswert ist, dass auf dem Bildfeld neben dem eigentlichen Thema noch ein weiteres verarbeitet wird: der Gegensatz zwischen »verkehrter« und »rechter« Welt, thematisiert durch Repräsentationen von Narren und Bürgern, wobei sich unter letzteren eine weibliche Figur findet, die in Radolfzeller Tracht dargestellt ist. Zum anderen befindet sich in diesem Seitenschiff der »Rosenkranzaltar«, der 1632, mitten im Dreißigjährigen Krieg, errichtet wurde. Dieser frühbarocke Altar stammt aus der Werkstatt der Brüder Zürn und zeigt in 15 feingeschnitzten Medaillons die Geheimnisse des Rosenkranzes.

► Verlässt man nun die Kirche, befindet sich südlich des Chors eine lebensgroße Darstellung des Leidens Jesu, »Ölberg« genannt. Diese Kopie wurde dem Chorherrenstift von einem Exilanten zum Dank für die Gastfreundschaft vermacht. Insbesondere während der Reformationszeit kam das Chorherrenstift zu Ansehen, da es einigen Klerikern Schutz bot, darunter David von Winkelsheim (der letzte Abt des Klosters St. Georgen in Stein am Rhein), den Chorherren von St. Johann und St. Stephan in Konstanz und dem Domkapitel von Konstanz samt Weihbischof.

► Im Zuge der Säkularisation wurde das Stift 1806 aufgelöst. Geht man durch die Kirchgasse unterhalb der Kirche, so kann man noch einige Chorherrenhäuser des ehemaligen Stiftsbezirks sehen.

► Es gab aber noch ein weiteres Kloster in Radolfzell, das man heute findet, wenn man den Stadtgarten Richtung Obertor durchwandert hat und sich dann rechts hält: 1625 wurde eine kleine Klosteranlage unterhalb des Obertors vor den Toren der Stadt errichtet. Bereits sieben Jahre später zerstörten württembergische Truppen die Gebäude während einer Besatzung, doch konnten sie 1659 wieder errichtet werden. Nach

der Säkularisation wurden die Wohngebäude abgerissen und die Klosterkirche zu einem Wohnhaus umgebaut. Lange Zeit war hier eine Weingroßhandelsfirma untergebracht, seit 1990 wird das Gebäude mit dem markanten Dreieckgiebel über der Mitte der Traufseite als städtische Dienststelle genutzt.

► Verlässt man Radolfzell in Richtung Stein am Rhein, so kann man die wunderschöne Halbinsel Höri genießen und bei Öhningen die stattliche Anlage des ehemaligen Chorherrenstiftes besichtigen.

ÖHNINGEN ► Stattlich begrüßt die Anlage des ehemaligen Augustiner-Chorherrenstiftes den Besucher, der sich den auf einem Abhang ruhenden Gebäuden nähert. Die heutigen Kloster- und Kirchenbauten stammen aus dem 17. Jahrhundert, doch die Gründung datiert um das Jahr 965. In einer Urkunde Kaiser Ottos I. wird dem Grafen Kuno von Öhningen ein Privileg für die Kirche in Öhningen ausgestellt. Anzeichen für Bautätigkeiten lassen sich erst auf das 13. Jahrhundert datieren. Die heute sichtbaren Gebäude wurden durch die Unterstützung des Konstanzer Fürstbischofs Jakob Fugger zwischen 1604 und 1626 erbaut. Davon kündet sein Wappen, mit der Jahreszahl 1617, an der Ostfront der Konventsgebäude. Auch diesem Kloster widerfuhr während der Säkularisation dasselbe Schicksal wie so vielen Klöstern im Bodenseeraum: Es wurde aufgelöst. Heute sind in den Gebäuden das Pfarramt, Kommunikationsräume und Wohnungen untergebracht.

► Die Kirche des ehemaligen Augustiner-Chorherrenstiftes, die Pfarrkirche St. Hippolyt und Verena, vereint Renaissance und Barock. Neben die klaren architektonischen Linien des Saalbaus treten die bewegten, wuchernden Formen der Barockaltäre und des Deckenstucks. Verlässt man die Kirche wieder und hält sich im Eingangsportal gleich links, so kann man noch einen Blick in den alten Innenhof werfen, bevor man sich wieder auf die Reise macht.

KLOSTER EINSIEDELN –
ZEICHEN BENEDIKTINISCHER TRADITION

Der Pilger und Besucher nähert sich der imposanten Sandsteinfassade der Westseite, die, durch ihre Länge von 136 m und der Klosterkirche mit der Doppelturmfassade im Zentrum, ein eindrucksvolles Zeugnis benediktinischer Tradition bildet.

▶ Markant wölbt sich die Doppelturmfassade der Klosterkirche aus den wuchtigen Mauern des Konventbaus hervor. Die Bausubstanz, die sich vor dem Besucher erhebt, entstammt dem Barock und man muss deutlich hinsehen, will man noch Spuren der Einsiedelei erkennen, denn der Klosterplatz mitsamt dem Liebfrauenbrunnen entstammt der Zeit um 1745.

▶ Ein Gefühl und ein Gespür für den Bodenseeraum als monastischen Raum zu entwickeln bedeutet vor allem, nicht nach der Distanz oder Nähe zum See zu fragen, sondern nach historischen Spuren, die ihren Ausgang dort nahmen. Folgt man den Wegen einzelner Mönche aus dem Bodenseeraum, befasst man sich mit der Geschichte ihrer Gründungen, die wiederum für neue Impulse an anderen Orten sorgten, dann begreift man, was der monastische Bodenseeraum war und noch teilweise ist. Aus diesem Grund darf das Kloster Einsiedeln in diesem Überblick nicht fehlen.

▶ Die Gründung des Klosters Einsiedeln nimmt ihren Anfang im Kloster Reichenau um 825. Meinrad, der Gründer Einsiedelns, wurde von Abt Erlebald in die Einsiedler Gegend geschickt, die damals »Finsterer Wald« hieß. Er zog sich immer mehr in die Einsamkeit zurück und lebte in seiner Klause 26 Jahre lang, bis er von zwei Landstreichern 861 erschlagen wurde. Die Reichenauer Mitmönche holten den Leichnam heim und um 900 entstand der Lebensbericht Meinrads, den ein Reichenauer Mönch verfasste.

▶ Einige Zeit blieb Meinrads Zelle unbewohnt, bis durch Bischof Benno von Metz neues Leben in die Einsiedelei kam. Doch erst unter Eberhard, einem Verwandten Bennos und zuvor Domherr in Straßburg, entstand 934 aus dem Einsiedlerverband ein Benediktinerkloster. Nun erhielt es Unterstützung von Herzogin Reginlind und dem Konstanzer Bischof Konrad. Ab 947 ist Einsiedeln Königskloster und der Abt Reichsfürst. In der folgenden Zeit entwickelte sich das Benediktinerkloster zu einem

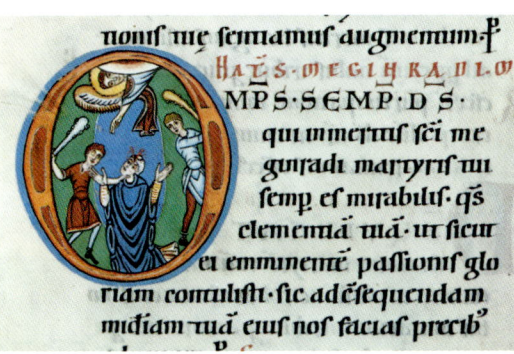

LINKS **Klosteranlage** *Einsiedeln* | GANZ OBEN **Doppelturmfassade** *der Klosterkirche* | OBEN **Miniatur** *der Erschlagung des Hl. Meinrad*

49 EINSIEDELN

weit ausstrahlenden geistlichen und kulturellen Zentrum, was sich zum einen an den prächtigen Handschriften der damaligen Zeit und zum anderen an Klostergründungen nach Einsiedler Vorbild und letztlich an der Ernennung von Einsiedler Mönchen zu Bischöfen ablesen lässt. Obschon ab dem 12. Jh. die Bedeutung Einsiedelns stetig abnahm, da nur Adlige aufgenommen wurden, etablierte sich das Kloster ab dem 14. Jh. als Wallfahrtsstätte. Darüber hinaus bildete das Kloster den Beginn der »Oberstrasse« auf dem Weg nach Santiago de Compostela im Pilgerführer des Hermann Künig. Während der Reformationszeit wurde auch Einsiedeln, wie so viele Klöster in der Schweiz, geschwächt, doch es behauptete sich und gelangte in der Barockzeit zu neuer Hochblüte, wie man an den Konvent- und Kirchenbauten sehen kann. Während der Französischen Revolution wurde das Kloster geplündert und aufgehoben, doch bereits 1803 konnte es wieder hergestellt werden.

Bis zum heutigen Tag besteht und »arbeitet« der Benediktinerkonvent, der rund 90 Mitglieder zählt. Die heutigen Tätigkeitsfelder liegen in der Seelsorge, der Wallfahrt und der Pfarrei, im Handwerk und in der Landwirtschaft, in der Betreuung der Theologischen Schule und der Stiftsschule und, wie es sich für ein Benediktinerkloster gehört, im Unterhalt der beachtlichen Klosterbibliothek. Darüber hinaus ist Einsiedeln für seine Pferdezucht bekannt, die seit dem 15. Jh. betrieben wird.

STIFTSKIRCHE UND KLOSTER

► Historisch und architektonisch schwer fassbar sind die ersten Jahre. Sicherer ist man schon ab 1029, da durch einen Brand eine neue Kirche gebaut werden musste. Diese diente dann als Grundlage für alle späteren Bauten bis in die Barockzeit hinein. Unter Abt Maurus von Roll (1698–1714) wurde der vollständige Neubau von Kloster und Kirche begonnen. Die Pläne hierfür lieferte der Klosterbruder Kaspar Moosbrugger von Au im Bregenzerwald. Unter Abt Thomas Schenklin (1714–1734) begann 1719 der Bau der Kirche. Zur Ausschmückung des Kirchenraumes wurden die Brüder Cosmas Damian und Egid Quirin Asam aus Bayern und Diego und Carlo Carlone aus Norditalien verpflichtet. Abt Nikolaus Infeld ließ den oberen Chor hinter dem Hochaltar errichten und weihte die neue Klosterkirche 1735.

► Betritt man die Kirche durch das gewaltige Westportal, findet man sich in einem achteckigen Kirchenraum wieder, der den Besucher durch seine Weitläufigkeit und seinen barocken Reichtum erstaunt. Doch zunächst empfängt den Besucher die Gnadenkapelle aus schwarzem Marmor.

OBEN **Blick** *in den Bibliothekssaal* | UNTEN **Das obere Münster**

OBEN **Madonna** *der Gnadenkapelle* | UNTEN **Gnadenkapelle**

GNADENKAPELLE ▶ An der Stelle, an der sich Meinrads Gebetsklause befand, erhebt sich heute die anmutige, aus schwarzem Marmor gearbeitete Gnadenkapelle. Unklar ist, wann sie errichtet wurde; ihre heutige Erscheinung stammt aus den Jahren 1816/17, als sie nach ihrer Zerstörung 1798 beim Einmarsch der Franzosen wieder aufgebaut wurde. Die Stirnseite wird durch die dreiteilige Blendarkade über dem Eingang strukturiert und gibt den Blick auf das Gnadenbild der Madonna frei. Seit 1600 erhält das Gnadenbild einen Behang. Die Wallfahrt zur Einsiedler Muttergottes kann bis ins 14. Jh. zurückverfolgt werden, dürfte aber noch weiter zurückreichen.

▶ Nach der Legende der Engelweihe, nach der Christus mit Engeln und Heiligen am 14. September 948 die Gnadenkapelle geweiht haben soll, galt die Wallfahrt zunächst der Gnadenkapelle, der ehemaligen Klause des heiligen Meinrad. Nach und nach rückte die darin verehrte Marienstatue in den Vordergrund. Noch heute ist der 14. September das wichtigste Wallfahrtsfest in Einsiedeln. Die Madonna, die heute besichtigt werden kann, stammt aus der zweiten Hälfte des 15. Jh. und wird einem süddeutschen Meister zugeschrieben; sie ersetzte das bei einem Brand von 1465 zerstörte Gnadenbild. Die schwarze Färbung von Gesicht und Händen geht auf den Rauch der Kerzen und Lampen, die vor dem Gnadenbild brannten, zurück.

▶ Schreitet man sodann an der Gnadenkapelle vorbei, so fällt die lichtdurchflutete Arkadengalerie ins Auge, die bis zum oberen Chor führt. Doch dann, die Gnadenkapelle im Rücken, steht man im Langhaus der Kirche und blickt auf eine unglaubliche Fülle von barocken Farben und Formen. Prachtvoller Deckenschmuck findet sich in den Gewölbebogen, die in mächtigen Säulen auslaufen. Rechter Hand befindet sich die Kanzel, die durch ihren kunstvollen, reichhaltigen Schmuck, insbesondere am Baldachin, besticht. Egid Quirin Asam schuf sie um 1725, und noch heute wird den Pilgern von hier das Wort Gottes verkündet.

▶ Schreitet man nun zum Chorraum vor, der durch ein dreigliedriges Gitter vom Laienschiff abgegrenzt wird, so sollte man einen Blick auf den Chor und den Hochaltar werfen.
Bemerkenswert ist zudem die »Orgellandschaft« innerhalb der Klosterkirche: Gleich drei Orgeln, jede von ihnen klanglich und architektonisch eigenständig, befinden sich im Kircheninneren.
Die Chororgel ist im oberen Chor anzutreffen und wurde 1754 von Viktor Ferdinand Bossart vollendet. Die Marienorgel befindet sich auf der linken Seite und stammt aus der Zeit um 1774. Der Orgelprospekt stammt von Johann Baptist Babel, der auch den Engel mit Posaune neben dem Baldachin über dem Hochaltar schuf. Die Mauritiusorgel ist als frühromantisches Instrument angelegt und ergänzt somit den barocken Klang der Marienorgel.

Möchte man ein wenig mehr von der Klosteranlage sehen, so empfiehlt es sich, an einer Führung teilzunehmen. Insbesondere die Bibliothek ist nur bei einer Führung zugänglich.

Verlässt man die Kirche und hält sich rechts, so gelangt man in den Abteihof, der zum »Großen Saal« führt, für den man einen kleinen Eintritt zu entrichten hat. Dafür kann man aber den barocken Raum ausführlich genießen und die Ausstellung alter Streichinstrumente bewundern.

Nach der ganzen Pracht der Klosterkirche hat man abschließend die Gelegenheit, entweder einen Spaziergang in den Ort zu unternehmen, denn das Diorama der Geburt Christi und das Panorama der Kreuzigung Christi sind sehr sehenswert. Oder aber man schreitet den Stationenweg ab, der durch den Wald zum Meinradsberg führt. Dort steht eine beeindruckende Kreuzigungsgruppe und man hat einen wunderschönen Blick auf Kloster und Dorf.

Messe *in der Klosterkirche*

KLOSTER FISCHINGEN –
AUF DEM JAKOBSWEG

Man wandelt sprichwörtlich auf historischen Spuren, wenn man sich dem Kloster nähert, denn bereits im Mittelalter nahmen Pilger, unterwegs nach Santiago de Compostela, denselben Weg, der noch heute zur Klosteranlage führt.

▶ Fährt man von Wil über Sirnach nach Süden, wird das Tal immer enger, und dann grüßt unvermittelt der gewaltige Kirchturm der Klosteranlage Fischingen, die auf einem kleinen Hochplateau des Tales ruht. Hier führte und führt noch heute die Straße nach Santiago de Compostela – die nächste »Station« ist übrigens das Kloster Einsiedeln – vorbei. Früher diente das Kloster als Pilger-Herberge, und noch heute ist es ein »arbeitendes« Kloster. Die Klosterkirche und die 1703 errichtete Idda-Kapelle schmiegen sich eng aneinander an, sind aber den übrigen Konventbauten deutlich vorgelagert, was ein gelungenes Abbild des heutigen Klosterlebens ist.

▶ Die Gründungsgeschichte des Klosters Fischingen führt, wie bei so vielen Klöstern im Bodenseeraum auch, nach Konstanz. Bischof Ulrich II. gründete im Jahre 1138 Fischingen als bischöfliches Eigenkloster und ließ aus Petershausen die ersten Benediktinermönche kommen. Kurze Zeit nach der Gründung, um 1160, ließ sich die vornehme Ita in eine Klause einmauern, nachdem ihr Gatte Diethelm IV. früh gestorben war. Nach ihrem Tod um 1200 wurde sie in der Kapelle neben der Klosterkirche bestattet, die bald »Idda-Kapelle« genannt wurde. Unter Abt Heinrich Schüchti wurde 1496 das spätgotische Grabmal über Iddas Grabstätte errichtet; heute ist es das älteste Monument der Kirche und des Klosters.

▶ Obwohl im Konvent über die Jahre hinweg nur wenige Benediktinerbrüder lebten, bestand das Kloster dennoch fort, allerdings mit Unterbrechungen während der Reformation und nach der Säkularisation. Die kulturelle Hochblüte des Klosters fiel in die Barockzeit und ist eng mit drei Äbten verknüpft: Abt Joachim Seiler von Wil (1672–1688) war als geistlicher Schriftsteller und Prediger bekannt und der Bau der neuen Klosterkirche (1685–1687) fand noch unter ihm statt. Unter Abt Franz Troger von Altdorf (1688–1728) wurde im Jahre 1705 die Idda-Kapelle, wie sie der heutige Besucher sieht, erbaut. Abt Nikolaus Degen (1747–1776) kann als der große barocke Bauabt Fischingens bezeichnet werden, denn er ließ die Kirche um den oberen Chor erweitern und die Klosterbauten im Osten und Süden der Anlage errichten.

▶ Die Säkularisation im Jahre 1848 bedeutete dann das vorläufige Ende des Klosters. Der Verein St. Iddazell kaufte die Anlage und richtete dort ein Kinderheim ein, in dem bald wieder Benediktiner wirkten. Am 28. August 1977 konnte die rechtliche Wiedererrichtung des Klosters Fischingen feierlich begangen werden. Heute wirken die Benediktiner-Patres in der Pfarreiseelsorge und in der Leitung des Bildungshauses.

KLOSTERKIRCHE

▶ Schreitet man den nordwestlichen Teil der Klosteranlage ab, wo sich der Friedhof befindet, ab, hat man den Eindruck, dass sich die Idda-Kapelle organisch aus der Wand des nördlichen Seitenschiffs erhebt. Beim Betreten der Kirche findet man diesen Eindruck bestätigt und steht vor barockem Formenreichtum: Insbesondere die Idda-Kapelle, ein Zentralbau mit Kuppel und drei Kapellen, besticht durch ihre Üppigkeit.

▶ Die Kirche weist zahlreiche Formen des Barock auf. Der Kirchenraum des Laienschiffs ist als einfacher Saalbau mit einem Tonnengewölbe gestaltet. Dieser Teil von 1687 gehört zum ältesten Bestand der Kirche. Der Chor wird vom Laienschiff durch ein Gitter abgegrenzt, das durch das perspektivische Spiel dem Besucher vertraut vorkommt: Johann Jakob Hoffner aus Konstanz, der bereits die Chorgitter in Münsterlingen und Kreuzlingen schuf, war hier 1745 am Werk.

▶ Richtet man nun den Blick auf den Hochaltar, so fällt die markante Arkadengalerie ins Auge, die den schönen Orgelprospekt im Oberen Chor rahmt. Die Arkadengalerie wurde 1795 eingebaut und weist klassizistische Formstrenge auf, die dennoch mit den barocken Rundungen

Klosteranlage *Fischingen*

harmoniert. Die Orgel wurde 1763 erbaut, entstammt also der Rokokozeit. Schön harmonieren die Verzierungen der Orgel mit den Stukkaturen der Decke und sogar mit dem Deckengemälde.

▶ Rechter Hand ist der Seitenaltar zu sehen, der den Heiligen Peregrin, einen Katakombenheiligen, birgt. Im Gegensatz zu manch anderen Altären liegt der Heilige hier vollständig aufgebahrt, nachdem er 1661 aus den römischen Katakomben überführt wurde. Seine Gebeine sind in rotsilbernem Brokatgewand und in eindrucksvoller Pose aufgebahrt, in der Hand hält er eine silberne Märtyrerpalme.

▶ Wendet man sich wieder nach rechts, kann man die frühbarocke Kanzel bewundern. Betrachtet man den Kanzelkorb etwas genauer, so erkennt man einen Arm, der aus dem Korb ragt und den Betenden das Kruzifix entgegenreckt.

▶ Die gegenüberliegende Kirchenwand gibt den Blick in die Idda-Kapelle frei, denn einige Arkaden der Wand wurden als Durchgang geöffnet.

DIE IDDAKAPELLE ▶ Betritt man den Kapellenraum, so fällt zunächst die Einheitlichkeit auf, die durch gelungene Restaurierungsarbeiten entsteht. Man kann die Kapelle noch heute so sehen, wie sie 1718, übrigens vom Konstanzer Bischof Johann Franz Schenk von Stauffenberg, geweiht wurde.

▶ Okuli, ovale Fenster, spenden dem Raum Licht und blickt man zur Kuppel empor, dominieren die Farben Blau, Türkis, Weiß und Grau. Gehalten wird das Deckengemälde von vier Engelsfiguren aus Stuck, die in wallende blaue Gewänder gehüllt sind. In den Seitenkapellen herrschen Mintgrün und Rosa vor. Die schweren Altäre aus schwarzem Stuckmarmor wirken wuchtig innerhalb dieses hellen Farbenspiels.

Das Grab der heiligen Idda befindet sich in der Wand zwischen Kirche und Kapelle. Flankiert wird das Grab mit jeweils einer Statue der Heiligen. Der in Sandstein gehauene gotische Sarkophag ist auf der Kapellenseite untergebracht. Zudem ist er leer, denn seine Funktion besteht darin, die Stelle zu bezeichnen, an der Idda begraben wurde. Die Heilige ist auf dem Deckel in einem langen Nonnengewand, mit Rosenkranz und einer Tasche, die ein Gebetbuch enthält, dargestellt. Hier steht der Besucher vor einem schönen Beispiel gotischer Bildhauerkunst der Bodenseeregion. In der Vorderseite des Grabmals kann man eine rechteckige Öffnung erkennen: Die Pilger, die vom langen Weg wunde Füße hatten, konnten sich vor dem Grab auf einen Hocker setzen und ihre Füße in die Öffnung strecken. Die heilige Idda heilte sodann die Leiden der Pilger.

▶ Steht man vor dem Grabmal, so fesseln sowohl die arkadenumrahmte Statue, als auch das ornamentale Rankenwerk den Betrachterblick. Schaut man dann noch etwas genauer in das Rankenwerk, erkennt man darin eingearbei-

tete Medaillons, auf denen in kolorierter Schnitzarbeit die Lebensgeschichte der heiligen Idda dargestellt ist. Folgen wir den Medaillons und vergegenwärtigen wir uns die Stationen im Leben der Heiligen: Auf dem ersten Bild links unten ist ihre Hochzeit mit dem Grafen von Toggenburg zu sehen. Einige Zeit später stahl ein Rabe Iddas Ehering und legte ihn in sein Nest. Ein Jäger fand den Ring im Rabennest und nahm ihn an sich. Doch der Jäger wurde beim Grafen von Toggenburg verleumdet und des Ehebruchs bezichtigt. Der Graf ließ den Jäger von einem Pferd zu Tode schleifen und er warf seine Frau Idda von den Burgzinnen. Während des Falls rief Idda Gott an, wodurch sie gerettet wurde. Von nun an lebte sie in einer Höhle und nur einen Hirsch duldete sie als Begleiter in der Einsamkeit. Zwar bat sie der Graf um Verzeihung, die sie ihm gewährte, doch sie wollte nicht mehr zu ihm zurückkehren. Ein anderes Medaillon zeigt, wie ihr ein Hirsch (!) den Weg zur Mette nach Fischingen leuchtet. Die Nonnen, deren Konvent nur rund 100 Jahre bestand, baten sie, ganz in Fischingen zu bleiben. Als Reklusin, in eine Zelle mit nur einem kleinen Fenster eingemauert, beschloss sie ihr Leben. Diese Form der Klausur wählten im 12. und 13. Jh. besonders Frauen.

▶ Das letzte Medaillon stellt die Versuchung der Heiligen durch den Teufel dar und bezieht sich auf folgende Legende: Der Teufel wollte die Kerze der Heiligen auslöschen, um sie leichter versuchen zu können. Doch Idda wandte sich an den nahen Friedhof und tatsächlich stand ein Toter auf und gab ihr Licht mit den Worten: »Idda, nimm hiehr von meiner Hand, Toggenburg bin ich genannd.« Somit erhielt Idda eine kleine Wiedergutmachung von ihrem verstorbenen Mann.

▶ Wendet man sich nun dem Portal zu, um die Kirche zu verlassen, sollte man wenigstens noch die Klosteranlage abschreiten. Zwar kann nur der Parterregang – ohne Führung – besichtigt werden, doch sehenswert sind die Gebäude aus dem 18. Jh. allemal.

▶ Bevor man sich nun auf die Rück- oder Weiterreise macht, sollte man noch die Spezialität der Mönche versuchen: das schmackhafte Früchtebrot.

OBEN **Chor und Orgelprospekt** *in der Klosterkirche* | UNTEN **Iddakapelle**

SCHAFFHAUSEN –
DER GRÖSSTE KREUZGANG DER SCHWEIZ

Das Schaffhausener Stadtbild wird nicht nur durch die Festung Munot geprägt, sondern auch vom Turm des Münsters, der ehemaligen Kirche des Benediktinerklosters Allerheiligen. Es gehört zu den schönsten romanischen Bauten nördlich der Alpen.

▶ Schlendert man durch die Altstadt Schaffhausens, so spürt man, dass die Stadt eigenständig gewachsen ist, begünstigt durch ihre wirtschaftlich attraktive Lage am Hochrhein. Folgt man in der Unterstadt der Goldsteinstraße, trifft man bald auf das Terrain des ehemaligen Klosters Allerheiligen, das dem Besucher zahlreiche Möglichkeiten bietet, Einblick in den Klosteralltag zu nehmen. Zudem ist auch deutlich zu sehen, dass die Klosteranlage in die Entwicklung der Stadt mit einbezogen war. Es lohnt, zunächst einen Blick auf die Person zu werfen, die die monastische Geschichte der Stadt in Gang setzte.

▶ Einige Städte im Bodenseeraum, wie beispielsweise St. Gallen, Radolfzell oder Lindau, entwickelten sich um ein Kloster. Schaffhausen hingegen war zuerst Stadt und dann Ort einer Klostergründung. König Heinrich III. verlieh im Jahre 1045 Graf Eberhard III. von Nellenburg per Urkunde das Recht, in dem Dorf »Scafhusun« eine Münzstätte einzurichten, womit der Ort gleichsam zum Markt erhoben wurde. Kurz danach ließ Eberhard eine Kapelle errichten, die 1049 von seinem Verwandten, Papst Leo IX., geweiht wurde. Nach der Gründung dieses gräflichen Eigenklosters – Eberhard zeichnete verantwortlich für die Einrichtung, besaß die Verfügungsgewalt über seine Stiftung und konnte den Abt einsetzen –, folgten in rund 50 Jahren umfangreiche Baumaßnahmen, insbesondere an der Kirche.

▶ Das dreischiffige Münster, das sich heute dem Besucher zeigt, wurde 1090 begonnen und 1104 vom Konstanzer Bischof Gebhard III. geweiht. Bemerkenswert ist die relativ kurze Bauzeit des Münsters. Durch Ausgrabungen am und im Münster konnten noch weitere Bauphasen unterschieden werden. Man fand die Fundamente der ersten Kapelle und der ersten Klosterkirche, die 1064 geweiht wurde. Zudem fand man Vorgängerbauten für eine fünfschiffige Basilika, die wohl nach 1083 begonnen aber nicht ausgeführt wurden. Das heutige Münster wurde nur wenig später begonnen und rasch ausgeführt. Man findet

LINKS **Grabplatten** *der Nellenburger* | OBEN **Kreuzgang** *Allerheiligen zu Schaffhausen*

selten eine so rege Bautätigkeit, die zwischenzeitlich mit der Größe des Konvents einherging.

▶ Wohl von Einsiedeln kamen die ersten Mönche und der erste Abt, zudem bestanden Kontakte zu Pfäfers, Weingarten, Petershausen, Rheinau und St. Blasien. Eberhard schenkte seiner Gründung großzügig Land im Umkreis der Abtei. Gegen Ende der 1060er Jahre entschloss sich der adlige Stifter, den Rest seines Lebens als frommer, geistlich bekehrter Mann (Konverse), in seiner Gründung zu verbringen.

▶ Wie so oft, ging es bald nach dem Tod des Gründers und Konversen mit der Zucht im Kloster bergab und Eberhards Sohn Burchard nahm sich des Klosters an. Zunächst ließ er Mönche aus dem Kloster Hirsau, dem wichtigsten Reformkloster im Südwesten, kommen. Der neue Abt Wilhelm lebte zusammen mit den ihn begleitenden Brüdern die neue Klosterordnung vor und ließ einen der Brüder als Abt zurück. Durch die neuen Reformimpulse erhielt das Kloster starken Zulauf, weshalb die Gebäude erweitert werden mussten, doch, dem Hirsauer Geist entsprechend, musste Burchard der Abtei die Siedlung samt Markt und Münze übertragen, um der Abtei Souveränität zu garantieren. So entstand um 1080 eine Klosterstadt, wie es sie bis dato im Bodenseeraum noch nicht gegeben hatte. Unter Abt Siegfried kam das Kloster zu voller Blüte, denn er vermehrte den Bestand der Klosterbibliothek und erreichte die Unterstellung des Klosters unter den Papst allein. Durch diese gesicherte materielle Basis wurde mit dem Bau einer neuen Kirche begonnen, der aber durch die Wirren des Investiturstreits unterbrochen und 1090 neu konzipiert werden musste. Knapp fünfzehn Jahre später weihte der Konstanzer Bischof Gebhard III. das heutige Münster. Das Kloster Allerheiligen wurde ein Zentrum der Hirsauer Reform, die von hier ausgehend weit in die Schweiz strahlte.

▶ In der Folgezeit erhielt das Münster um 1200 seinen schönen Turm und zu Beginn des 13. Jh. wurde ein Kreuzgang, der größte der Schweiz, an die Kirche angebaut. Nachdem das Kloster im 13. Jh. die Herrschaft über die Stadt Schaffhausen verloren hatte, sank der Stern des Klosters. Es wurde 1524 vom Rat der Stadt in eine Stiftspropstei umgewandelt und im Zuge der Reformation 1529 aufgehoben. Die Kirche diente von nun an als Pfarrkirche und die übrigen Konventbauten wurden profanisiert. Heute befinden sich darin eine Musikschule, die kantonale Verwaltung und das Museum Allerheiligen.

MÜNSTER ALLERHEILIGEN ▶ Betritt man das Münster durch das Hauptportal im Westen und lässt das Langhaus auf sich wirken, bietet sich das Münster in voller Länge dar. Der romanische Innenraum wirkt sachlich und licht, das Langhaus schlank und der Eindruck von Weite entsteht durch die die Joche des Langhauses tragenden Säulen mit den Arkadenbögen dazwischen. Die flachgedeckte Decke rundet den sachlichen Eindruck des Kirchenbaus ab.

▶ Geht man weiter durch das Langhaus, erkennt man im Fußboden der Vierung Markierungen, die auf die drei Vorgängerbauten verweisen. Obschon das Münster weitgehend den Bestand von 1104 aufweist, wurden im heutigen Münster einige Veränderungen vorgenommen. In der zweiten Hälfte des 12. Jh. wurde der Chor der Mönche zu einem quadratischen Altarhaus umgebaut, und etwa zur selben Zeit entstand über der nördlichen Seitenkapelle des Chores der fünfgeschossige Glockenturm.

▶ Obwohl die Kirche ab 1529 als Pfarrkirche diente, fanden kaum gotische oder barocke Modernisierungen statt. Vermutlich traf die Rationalität von Hirsau die Vorstellungen der Reformation Zwinglis. Durch die unterbliebenen Modernisierungen und die klare Architektur aus Halbkreisen und Quadraten entsteht der Eindruck von Dauer und Zeitlosigkeit.

KREUZGANG ▶ Diesen Eindruck hat man auch, wenn man die Kirche verlässt und den Kreuzgang durchschreitet. Bemerkenswert ist nicht allein die Größe dieses gut erhaltenen Kreuzgangs, sondern auch die Atmosphäre, die der Besucher darin atmen kann. Anfang des 13. Jh. wurde mit dem Bau des Kreuzgangs begonnen. Nach einem Brand im 14. Jh. wurden einige Teile gotisch wieder aufgebaut, dennoch atmet man den Geist einer mittelalterlichen Klosteranlage. Der Kreuzgang umschließt den wunderschönen Kreuzgarten, den man auch »Junkerfriedhof« nennt, da von 1582 bis 1874 hohe Schaffhauser Bürgermeister, Ratsherren, Pfarrer und andere verdiente Bürger und Bürgerinnen beigesetzt wurden. Deren Epitaphien sind an den Wänden rundum zu sehen.

MUSEUM ALLERHEILIGEN ▶ Es lohnt sich, den Kreuzgang in Ruhe zu durchschreiten. Von hier aus gelangt man in das Museum, wo man weitere Klosterräume und Kapellen besichtigen kann. Im Erdgeschoss befindet sich die Johanneskapelle, die noch Teil der ältesten Klosteranlage von 1064 ist. Darin befindet sich eine Gedächtnisplatte von 1106 für die Stifter des Klosters. In den daneben liegenden Räumen kann der Besucher die Entwicklung des Klosters anhand von Modellen und Plänen nachvollziehen. Interessant sind die Eberhardskapelle, die aus der Zeit um 1105 datiert, und das Stiftergrab: Auf einem dreiteiligen Grabschrein sind Eberhard III., seine Frau Ita und deren Sohn Burchard von Nellenburg zu sehen. In der Mitte liegt die 206 x 77 cm messende

Innenansicht *Münster Schaffhausen*

Grabplatte Eberhards, die den Stifter annähernd lebensgroß als prunkvoll gekleideten Mann zeigt. Er wird als Klostergründer charakterisiert, denn in Händen hält er das Modell einer Basilika mit wuchtigem Dachreiter. Die Grabplatte Burchards ist ein wenig kleiner als die des Vaters (206 x 65 cm), stammt aber vermutlich vom selben Künstler. Auch Burchard wird als reich gekleideter Mann dargestellt, der ein Bäumchen mit Wurzelballen in Händen hält. Diese Darstellung weist Burchard als Schenker von Klosterland aus. Von der Grabplatte Itas ist leider nur noch ein Fragment erhalten.

► Begibt man sich in den ersten Stock, so kann man hier die Abtswohnung, die Michaelskapelle aus dem 13. Jh. und das Refektorium (Speisesaal) besichtigen. Darin befinden sich zudem einige gotische Altartafeln. Noch ein Stockwerk höher besteht die Möglichkeit, sich den Kreuzsaal und das Abtsstübchen anzusehen. Auf diesem Stockwerk findet man eine Zelle aus dem 15. Jh., die das einzige Überbleibsel des Benediktinerinnenklosters St. Agnes ist, das Eberhard für seine Frau Ita gegründet hatte. Nach diesen eindrucksvollen Rundgängen kann man entweder noch ein wenig in der Altstadt spazieren gehen, oder aber noch einen kleinen Ausflug unternehmen.

PARADIES ► Etwa fünf Kilometer rheinaufwärts von Schaffhausen entfernt steht der ehemalige Klarissinnenkonvent Paradies. In Konstanz gibt es einen Stadtteil, der seinen Namen einem Kloster Paradies verdankt. Diese Namensgleichheit kommt nicht von ungefähr, denn es handelt sich um denselben Konvent. Die Klarissinnen hatten sich gegen Ende des 12. Jh. vor der Bischofsstadt Konstanz angesiedelt und lebten dort in strengster Klausur.

► Der Konvent erhielt um 1253 von Graf Hartmann von Kyburg ausgedehnte Güter in der Nähe Schaffhausens, an der Stelle der heutigen Ortschaft Alt-Paradies. Da die Nonnen die Abgeschiedenheit dem Lärm der Bischofsstadt vorzogen, siedelte der Konvent an diesen Ort um. In der Folge wurden ausschließlich adlige Frauen aufgenommen, die umfangreichen Besitz einbrachten, was dem Konvent eine solide materielle Basis bescherte. Während der Reformationszeit wurde das Kloster gestürmt und geplündert, daraufhin aber neu gegründet. So bestand das neue Klarissinnenkloster bis zur Säkularisation 1836 fort. Die heute sichtbare Anlage steht auf den Fundamenten des mittelalterlichen Klosters.

► Nach der Aufhebung standen die Gebäude lange Zeit leer und verwahrlosten. 1918 allerdings kaufte ein Stahlwerk aus Schaffhausen die Gebäude auf und errichtete darin die »Eisenbibliothek« sowie Ausbildungsräume. Zwar kann die ehemalige Klosteranlage nicht vollständig besichtigt werden, nur das frühere Gästehaus ist öffentlich zugänglich. Doch ein Spaziergang um die Konventmauer, im Park und in den Außenanlagen vermittelt dem Besucher die Atmosphäre von strenger Klausur und Weltabgeschiedenheit. Man sieht, dass Schaffhausen mehr zu bieten hat als die Kulisse für den tosenden Rheinfall.

LINKS **Refektorium** | OBEN **Johanneskapelle**

KLOSTER ITTINGEN/WARTH –
SPIEGEL DER KARTÄUSER

Zwischen Frauenfeld und Stein am Rhein liegt die ehemalige Kartause Ittingen, die dem Besucher nicht nur eine prunkvolle Kirche, sondern auch Anschauungsunterricht im Alltagsleben der Kartäusermönche bietet.

▶ Das Kulturzentrum Ittingen bietet dem Besucher ein umfangreiches, kurzweiliges und interessantes Angebot an Bildung, Kultur und Begegnung. Doch damit schlug es einen anderen Weg ein als den, den die Mönche zuvor beschritten hatten.

▶ Die monastische Geschichte des Ortes beginnt mit einer traurigen Legende, die besagt, dass Söhne des Truchsessen von Ittingen beim Ochsenschlachten zugeschaut und dann »Ochsenstechen« gespielt hätten. Dabei verlor einer von ihnen das Leben. Zur Sühne dafür habe die Familie das Kloster gestiftet. Belegt hingegen ist, dass um 1150 die Truchsessen von Ittingen, gemeinsam mit dem Bischof von Konstanz, ein Augustinerchorherrenstift eingerichtet haben, in das sie selbst eintraten. Große Wirkung war dem Stift nicht beschieden, die materiellen Mittel gingen bald zur Neige, so dass im Jahre 1461 das Kloster verkauft wurde.

DIE KARTÄUSER ▶ Ein im Hinblick auf die Regeln besonderer Orden trat als Käufer auf: der Kartäuserorden. Entstanden war er um 1084, als sich Bruno von Köln (1030–1101) mit einigen Gefolgsleuten in die Einöde von Chartreuse zurückzog, um dort als Einsiedler in der Gemeinschaft zu leben. Die Erinnerung an den Ordensgründer wird durch eine Statue (am Giebel) wach gehalten.

▶ Besonders beliebt war der Orden bei der Bevölkerung allerdings nicht. Aufgrund seiner strengen Regeln und dem völligen Rückzug von der Welt, der sich unter anderem darin äußerte, dass der Bevölkerung der Zutritt zur Kirche verwehrt wurde, kam es zu Auseinandersetzungen, die im ersten Sitzstreik der Frauenbewegung gipfelten. Denn die Frauen aus Warth waren nicht bereit, auf ihre Kirche zu verzichten und besetzten sie so lange, bis ihnen der Bau einer Kapelle versprochen wurde. Man kann sie heute noch sehen, wenn man auf der Straße von Warth nach Ittingen fährt. Zwar lebten bis zur Reformation zwölf Mön-

LINKS **Ein Kartäuser** *in der Zelle* | OBEN **Impression** *der Kartause Ittingen*

OBEN **Refektorium** | UNTEN **Hochaltar und Chor** *der Kirche Ittingen*

che, die die Priesterweihe hatten, im Kloster, doch während der Reformation wurden die Gebäude niedergebrannt. Erst 1553 konnte die neue Kirche geweiht werden. Der Konvent überstand auch den Dreißigjährigen Krieg, erhielt sogar eine Schenkung und wurde im 18. Jh. neu- und umgebaut, wobei Bestehendes bewahrt und integriert wurde. Ein gutes Beispiel hierfür ist die Kirche, die weiter unten ausführlich beschrieben wird. 1848 hob der Kanton Thurgau das Kloster auf und für lange Zeit wurde die Anlage als Landwirtschaftsbetrieb genutzt, bis im Jahre 1977 eine Stiftung das ehemalige Kloster übernahm, renovierte und als Museum zugänglich machte. Darüber hinaus sind hier neben den Museen noch ein landwirtschaftlicher und gastronomischer Betrieb, eine Behinderteneinrichtung und die evangelische Heimstätte untergebracht. Zudem werden in einem Laden eigene Erzeugnisse (Käse, Wein etc.) als »Delicia« verkauft.

DAS KLOSTER ► Die Architektur einer Klosteranlage ist oft der Stein gewordene Ausdruck der jeweils geltenden Mönchsregel. Dies gilt in besonders anschaulicher Weise für das Kloster Ittingen und die Kartäuser. Der Besucher kann hier anschaulich nachvollziehen, was es bedeutete, als Einsiedler in monastischer Gemeinschaft zu leben. Jeder Kartäuser wohnte den Großteil seines Lebens in seiner Zelle, verrichtete dort Gebet, Arbeit und Meditation, alles in völliger Abgeschiedenheit. Man sieht an den erhaltenen Zellen, dass die Mönche das Essen durch eine schmale Durchreiche erhielten, um den Kontakt nach außen zu unterbinden. Man muss sich die Kartause, die auch Zelle genannt wird, als kleines Häuschen vorstellen, das sich am großen Kreuzgang befindet. Eine weitere Besonderheit der Kartäuser besteht darin, dass es zwei Kreuzgänge gibt. Um den großen gruppieren sich die Einzelzellen, um den kleinen sind die Gemeinschaftsräume, nämlich Kirche, Kapitelsaal, Refektorium und Bibliothek angeordnet.

► So streng die Ordensregel war, so starr war der Zeitplan eines Kartäusers. Nur zum Gottesdienst und sonntags zum gemeinsamen Essen und Spaziergang durften die Zellen verlassen werden. Ursprünglich verfügte der Konvent über 14 Zellen, heute sind noch sieben erhalten, die aus dem 17. bis 18. Jh. stammen. Zwei davon führen dem Besucher das tägliche Leben eines Kartäusers plastisch vor Augen. Im Gegensatz zu den einfachen, nüchternen Zellen, sind die Gemeinschaftsräume reich verziert und ausgestattet. Erhalten sind Gästeräume, Refektorium und Kapitelsaal. Im großen Kreuzgang befindet sich ein hübscher »Gemeinschaftsraum«: das rekonstruierte Sommerkolloquium von 1767, in dem sich die Mönche zum Gespräch treffen konnten. Hinter dem Sommerkolloquium erhebt sich das schlanke Langhaus der Klosterkirche Ittingen.

KLOSTERKIRCHE ► Von der äußeren Erscheinung her erwartet man, eine gotische Kirche zu betreten. Befindet man sich aber im Kirchenraum, ist man geblendet von Rokoko-Stuck und -Prunk. Zweimal wurde das schmale, einschiffige gotische Kirchenschiff verändert, 1700 und 1760.

► Beim Abschreiten des Langhauses zum Chorraum hin ist recht gut zu erkennen, dass die Aufteilung der Kirche eine bestimmte Funktion erfüllte: Der erste Teil nach dem Portal war durch die Laienschranke vom vorderen Teil der Kirche lose abgegrenzt und den Knechten und Bauern vorbehalten. Die Gäste fanden auf der Empore, die nur vom Gästeflügel aus zugänglich ist, ihren Platz. Passiert man das Tor in der Laienschranke, gelangt man in den Bruderchor, der den Laienbrüdern für ihren Gottesdienst diente. Dieser Teil war vom Altarraum durch einen hohen, begehbaren Lettner abgegrenzt, der den Mönchschor jeglichen Blicks entzog. Schreitet man durch ein reich geschnitztes Portal, so gelangt man in den Mönchschor, der von den Mönchen durch einen Zugang im Chorgestühl betreten wurde. Das Chorgestühl ist ein eindrucksvolles Zeugnis der Schnitzkunst und bildet durch sein dunkles Holz einen angenehmen Gegensatz zum lichten Kirchenraum. Es zeigt über 20 Heiligenfiguren, die eine Thurgauer Werkstatt um 1700 herstellte. Die Figuren sind aus Lindenholz und zwischen phantastischem Rankenmuster aufgestellt. Im oberen Teil sind Ölbilder der zwölf Apostel eingelassen.

► Bei entsprechendem Licht wird der Hochaltar in ein fast mythisch anmutendes Licht getaucht, das durch zwei in den Chor eingebaute Fenster einfällt. Die Wölbung der Decke ist, neben den erwähnten Fenstern, die vergleichsweise stärkste Änderung des Innenraums. Ansonsten blieb der gotisch-schlichte Raum in seiner Form erhalten, allerdings erhielt er die üppig barocke Ausstattung, was den besonderen Reiz dieser Kirche ausmacht.

► Verlässt man die Kirche, so kann man entweder noch in den Klosterladen schauen, oder sich im Gastronomiebetrieb stärken, bevor man die Rückreise antritt.

ST. KATHARINENTAL –
ZWISCHEN KONTEMPLATION UND FÜRSORGE

Bei einem Ausflug mit Schiff oder Rad am Rhein entlang, eine kurze Wegstrecke hinter Diessenhofen, liegt auf der Terrasse zwischen Rhein und Hang die ehemalige Klosteranlage St. Katharinental.

► Auf dem Weg von Stein am Rhein nach Schaffhausen hat der Besucher die Möglichkeit, einige Klosteranlagen hautnah zu erleben. Zudem ist es interessant, die Geschicke der einzelnen Konvente nach Reformation und Säkularisation miteinander zu vergleichen.

Kommt man von der »Eisenbibliothek« bei Schlatt, so findet man hier ein anderes Beispiel für die moderne Nutzung ehemaliger Nonnen-Konventgebäude: Als Rehabilitationsklinik, Alten- und Pflegeheim. Wirft man aber einen kurzen Blick auf die Geschichte dieses Konvents, dann fällt auf, dass die moderne Nutzung zumindest hier keine Tradition fortsetzt.

► Zunächst lebte hier eine Sammlung von Beginen aus Winterthur, die im Spital von Diessenhofen als Krankenpflegerinnen dienten. Um 1242 entschlossen sie sich dazu, Dominikanerinnen zu werden, und ab 1245 wurden die frommen Frauen aus Diessenhofen in den zweiten Orden der Dominikaner aufgenommen. Von nun an lebte der Konvent nach den Grundsätzen Armut und Kontemplation und hielt sich mit Weben, Betteln und durch karge Einkünfte aus der Landwirtschaft über Wasser. Die Kirche konnte erst 1269 fertig gestellt werden, doch dafür reiste Bischof Albertus Magnus höchstselbst zur Einweihung an. Nach und nach wuchs der Konvent und insbesondere im 14. Jh. wurden die schönsten Kunstschätze wie Handschriften, Bilder und Skulpturen geschaffen. Zudem war dieses Jahrhundert geprägt von mystischen Erlebnissen der Dominikanerinnen. Doch nach und nach entwickelte sich das Kloster wie so viele andere auch: Es wurde zu einer Aufbewahrungsanstalt für wohlhabende, ledige Frauen. Neue Impulse brachte Priorin Josepha von Rottenburg, die im 18. Jh. das Kloster neu errichten ließ. 1869 ereilte auch dieses Kloster das Schicksal der Säkularisation. Seither dient St. Katharinental als Alten- und Pflegeheim.

LINKS **Thurgauer Klinik** *St. Katharinental* | OBEN **Garten** *des Altenheim St. Katharinental*

DIE KIRCHE ▶ Möchte man die ganze Kirche besichtigen, ist es ratsam, sich vorher anzumelden, denn nur der Vorraum steht offen. Steht man vor der Kirche, so blickt man auf ein schlichtes, lang gestrecktes Gebäude mit schwerem Giebeldach, doch beim betreten des Vorraums unter der Empore wird klar, dass man sich in einem Zentralraum mit Hängekuppel befindet. Schreitet man weiter, so erkennt man die zweite Kuppel, die die Empore größtenteils überwölbt.

Errichtet wurde die Kirche von Michael Beer, dem Sohn des Vorarlberger Baumeisters Franz Beer, der die Klosteranlage neu baute.. Hier findet man eine ganz andere Facette im Schaffen der von den Beers geprägten »Vorarlberger Schule«, einen Kirchenraum mit ungewöhnlichem Grundriss: Im Osten schließt sich der lang gezogene Chor, in dem sich das Nonnenoratorium befand, an. Dieser wird allerdings durch den Hochaltar, der den Rundbogen im Osten völlig ausfüllt, gänzlich verdeckt.

▶ Eindrucksvoll ist die reiche Ausstattung der Kirche. Der Konstanzer Maler Jakob Karl Stauder schuf die Wand- und Deckenmalereien sowie den Hochaltar. Auf den Deckengemälden sind illusionistische Architekturen zu sehen, die durch perspektivische Spiele den Betrachterblick nach oben führen, um sich sodann dem Himmel zu öffnen. Ähnliche Deckenbilder findet man auch in Münsterlingen oder Weißenau. Bemerkenswert ist auch, dass die vier Evangelisten über der Empore dargestellt sind und in den Zwickeln der Kuppel vor dem Altar die vier lateinischen Kirchenlehrer: Augustinus, Hieronymus, Ambrosius und Gregor I. Diese Anordnung scheint den intellektuellen Anspruch der Dominikanerinnen bildhaft aufzugreifen. Richtet man nun den Blick auf den Hochaltar, so ist die heilige Katharina zu erkennen, wie sie die mystische Vermählung mit Christus vollzieht, als gleichsam tägliches Vorbild für die betenden Nonnen.

▶ Sowohl der Stuck als auch die Heiligenfiguren des Hochaltars sind reich vergoldet. Eine schöne Entsprechung hierzu findet sich auf der gegenüberliegenden Seite. Auf der Westempore ist die ebenso reich verzierte Barockorgel anzutreffen, die von dem Thurgauer Orgelbaumeister Johann Jakob Bommer (1735–1741) geschaffen wurde. Auf den Altären der Seitenarme befindet sich jeweils ein Schrein mit den Gebeinen eines Katakombenheiligen: die heiligen Benedictus und Columba. Sehenswert sind auch die mittelalterlichen Bilder eines gekreuzigten Christus um 1300 am südwestlichen Querpfeiler und eine Muttergottes des Meisters Heinrich von Konstanz aus dem frühen 14. Jh. auf dem nördlichen Nebenaltar. Verlässt man den Kirchenraum und möchte sich wieder auf den Rückweg machen, so empfiehlt es sich, eine Stärkung im ehemaligen Refektorium einzunehmen. Hier befindet sich heute die Cafeteria, und somit hat sich an der Funktion nichts geändert.

LINKS **Orgelprospekt** | OBEN **Der Hochaltar** *der Kirche, flankiert von Seitenaltären und Kanzel*

ST. GALLEN –
DER STIFTSBEZIRK ALS ZEUGE MONASTISCHER TRADITION

Schlendert man heute durch den Stiftsbezirk in St. Gallen, bekommt man einen Eindruck, wie aus der Einsiedelei ein mächtiges Kloster und um dieses die Stadt entstand. Sowohl die Kathedrale als auch die Stiftsbibliothek vergegenwärtigen dem Besucher wunderbare Bau- und Buchkunst.

► Das heutige Areal des Stiftsbezirks, insbesondere die Kathedrale und der Bibliothekssaal, ist vom Barock geprägt, doch die Geschichte des Klosters reicht zurück bis ins 7. Jh. und ist mit einem Namen verbunden, der für das Mönchtum im Bodenseegebiet von großer Bedeutung ist, nämlich Gallus, der Gefährte des Iren Columban. Als Columban 612 in Richtung Italien aufbrach, blieb Gallus, zu schwach für die Reise, krank zurück und die Freunde trennten sich im Streit. Gallus sprach die Sprache der Alemannen, beherrschte das Fischen und die Mission. Er zog sich, begleitet von einer kleinen Mönchsschar, in die Einsiedelei des Arboner Forstes zurück, ließ eine kleine Kirche und Hütten errichten und starb hier um 650. Die folgenden Jahre liegen im Dunkeln, doch ab 719 werden die Konturen wieder schärfer: Otmar, in Chur zum Priester ausgebildet, wurde Vorsteher der kleinen Einsiedler-Gemeinschaft. Mit ihm beginnt auch die Klostergeschichte St. Gallens, denn er errichtete ein Kloster, dessen Brüder nach der Benediktregel lebten und er sorgte dafür, dass die Neugründung adligen Schutz durch die fränkischen Hausmeier erhielt. Obwohl Otmar die weitere Entwicklung des Klosters auf sichere Fundamente stellte, war ihm selbst ein eher trauriges Ende beschieden. Er verstrickte sich in die politischen Kämpfe zwischen fränkischen Hausmeiern und alemannischen Herzögen, fiel beim Bischof von Konstanz in Ungnade und wurde in der Königspfalz Bodman gefangen gesetzt. Später wurde er auf die Insel Werd bei Stein am Rhein (siehe S. 40 ff.) gebracht, wo er 759 starb.

Das Kloster St. Gallen aber entwickelte sich, vor allem im 9. Jh., zu einem der bedeutendsten Klöster im Bodenseegebiet und weit darüber hinaus. Ein eindrucksvolles Zeugnis hierfür liefert der im Kloster Reichenau geschaffene sog. »St. Galler Klosterplan«, an dem sich die Klosteranlage orientierte. Berühmt und bekannt sind vor allem die Schreibschule und die Bibliothek des Klosters, die Ende des 9. Jh. über 426 Titel verfügte. Eine beachtliche Zahl für die damalige Zeit! Zudem konnte

UNTEN **Stiftsbezirk** *St. Gallen*

OBEN **Otmar** *in einer Miniatur um 1430*

RECHTS **Kathedrale** *St. Gallen*

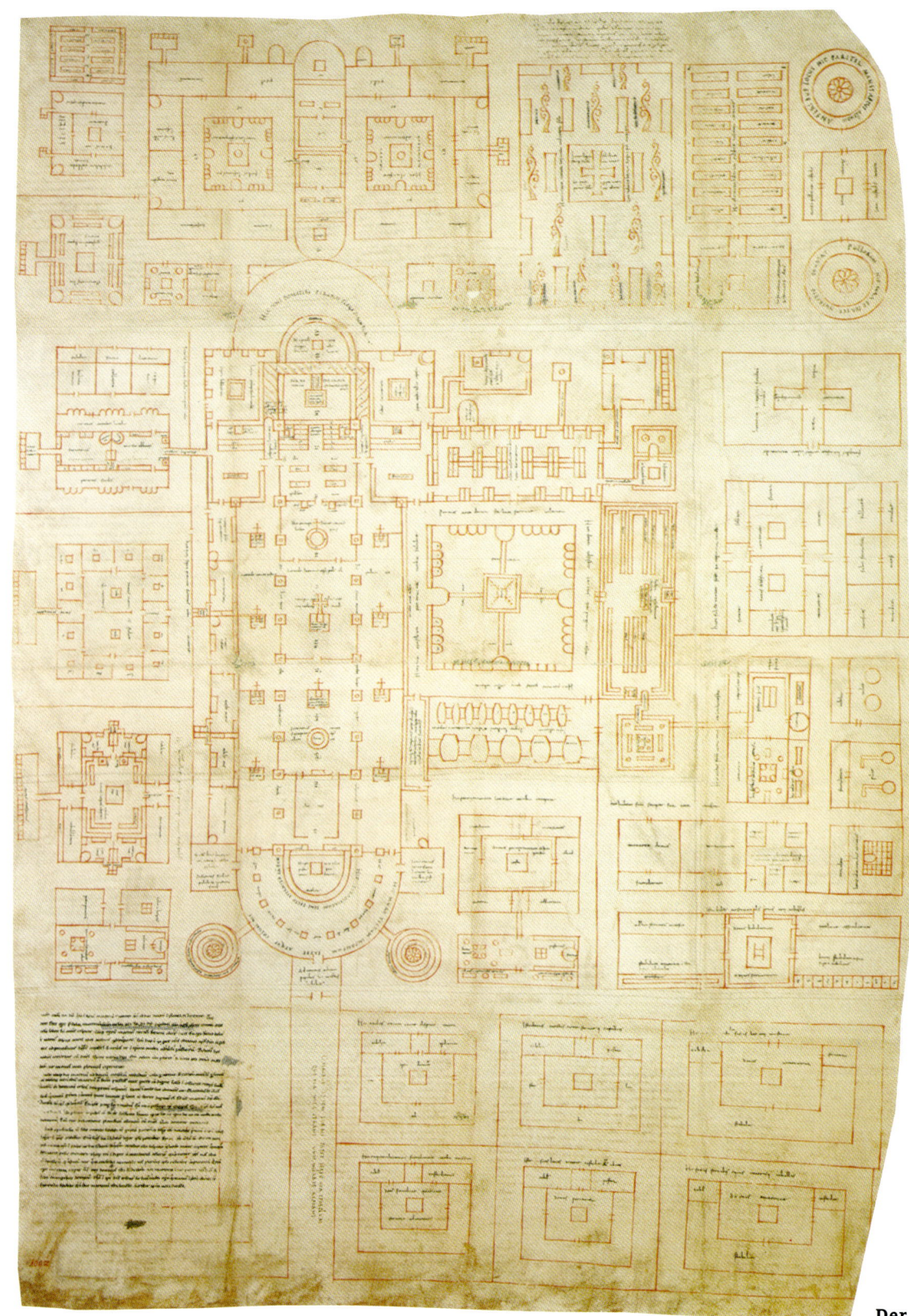

Der »St. Galler Klosterplan«

sich das Kloster einiger bedeutender Persönlichkeiten rühmen, die aus ihm hervorgingen, darunter Notker »Balbulus« der Dichter und Notker der Deutsche, einer der wichtigsten Übersetzer. Nicht zu vergessen die vier Ekkeharte, die als Gelehrte, Chronisten und Dichter bekannt wurden, vor allem jener »Ekkehart« (II.), der im gleichnamigen Roman Scheffels verewigt wurde und der die vermeintliche Liebe zur Herzogin Hadwig auf dem Hohentwiel schildert.

► Dass die Bibliotheksbestände den Lauf der Zeit mehr oder minder unbeschadet überstanden haben, beruht auf glücklicher Fügung, abgesehen vom Jahr 926: Als ungarische Reiter im Bodenseegebiet einfielen und zahlreiche Orte zerstörten, gab Wiborada – eine Inklusin, die sich in eine Zelle einmauern ließ – den Rat, die Bücher während des Überfalls der Ungarn auszulagern. Sie blieb allein in ihrer Zelle zurück, als der Überfall der Ungarn über das Kloster hinwegrollte. Der Zorn der Angreifer darüber, dass es nichts zu plündern gab, entlud sich an der Inklusin: Wiborada wurde erschlagen. Sie ist die erste Frau der Kirchengeschichte, die heilig gesprochen wurde, und zwar im Jahr 1047. Ihre Zelle wurde noch lange Zeit nach ihrem Tod von Einsiedlerinnen bewohnt. Wiborada gilt als Patronin der Bibliotheken und Bücherfreunde, aber auch der Pfarrhaushälterinnen und Köchinnen. Im weiteren Verlauf der Jahre entstand um die ehemalige Einsiedelei nach und nach eine Stadt, die durchaus vom Kloster profitierte und durch Gewerbe und Handel, vor allem aber durch Gläubige, finanziell unterstützt wurde. Durch die Erstarkung der Stadt, insbesondere des Bürgertums, kam es immer wieder zu Konflikten zwischen Kloster und Stadt. Die Auseinandersetzungen fanden ihren Höhepunkt innerhalb der Regierungszeit des wohl umstrittensten St. Galler Abtes: Ulrich Rösch (1463–1491). Er war bürgerlicher Herkunft und regierte das Kloster gleichsam als Fürst.

► Während des Konstanzer Konzils tagte das Provinzialkapitel der Benediktiner in Petershausen (1417), um die Krise des Ordens abzuwenden. Hier wurde beschlossen, dass auch nichtadlige Mönche, sofern sie gebildet waren, in den Konvent eintreten dürften. Dies kam dem Bäckerssohn Ulrich Rösch zugute, der als Küchenjunge nach St. Gallen gekommen war, dessen Fähigkeiten vom Abt aber rasch erkannt wurden, wodurch er eine gute Ausbildung erhielt und in den Konvent eintreten konnte. Nach Verdiensten als Verwalter erlangte er 1463 sogar die Abtwürde und führte ein strenges Regiment der Zucht und Schuldentilgung im Kloster. An sich selbst stellte er jedoch weniger strenge Ansprüche: Er hatte zwei Kinder, wohnte eher auf seinen Höfen in Rorschach und Wil als im Kloster und er trug keine Tonsur. Er sorgte für seine Kinder, indem er sie in Amt und Würden brachte und für Familienangehörige, indem er sie an den Abtshof holte, ein Verhalten, das ein wenig an Renaissancepäpste oder Fürstäbte erinnert.

► Dennoch baute Abt Ulrich Rösch die Ländereien des Klosters rund um die Stadt beständig aus, was wiederum den Konflikt mit den Bürgern verschärfte. Abt Ulrich drohte nun damit, das Kloster, das sich über 850 Jahre an gleicher Stelle befunden hatte, zu verlegen. Innerhalb kürzester Zeit ließ er oberhalb von Rorschach ein neues Kloster errichten. Da der Umzug des Klosters für die Stadt verheerende Folgen finanzieller Art gehabt hätte, brannten St. Galler Bürger in der Nacht des 28. Juli 1489 die fast fertig gestellten Konventgebäude in Rorschach nieder. Zwar wurde den Bürgern von der Eidgenossenschaft eine saftige Strafe auferlegt, doch immerhin hatten sie erreicht, dass der Konvent samt den Gebeinen Gallus' in der Stadt blieb. Die folgenden Jahre verliefen zwar nicht störungsfrei, aber dennoch beständig und ab 1755 erfolgte der Neubau von Klosterkirche und Stiftsbibliothek unter Abt Cölestin Gugger von Staudach, der die bedeutendsten Baumeister und Künstler verpflichten konnnte: Thumb, Beer, Feuchtmayer und Dirr. In nur elf Jahren konnte der Neubau fertig gestellt werden, doch 1805 wurde das Kloster aufgehoben, obwohl die Bautätigkeiten noch lange nicht abgeschlossen waren. Die Stiftskirche diente nun als katholische Pfarrkirche und seit 1847, als das Bistum St. Gallen errichtet wurde, als bischöfliche Kathedrale.

KATHEDRALE ► Durchschreitet man den Stiftsplatz, so spürt man die Dominanz der beiden wuchtigen Doppeltürme der Kathedrale an der Ostfassade. Darüber hinaus ist bereits von außen die Wölbung im Langbau zu erkennen, die auf die Rotunde im Schiff hinweist.

► Betritt man nun die Kathedrale durch den südlichen Seiteneingang, befindet man sich im unteren Laienschiff, mit der St. Otmars-Kirche linker Hand über der Otmar-Krypta, darüber die Orgelempore. Rechter Hand ist die Rotunde zu sehen, die sich um den Altarraum schmiegt, dahinter der gewaltige Chorraum und der Hochaltar.

► Lässt man den Blick schweifen und den Kirchenraum auf sich wirken, so erkennt man, dass man sich in einem unnachahmlichen spätbarocken Kirchenbau befindet, der Langraum und Zentralbau zu vereinigen sucht.

► Große Namen sind mit dem Neubau und der Ausschmückung der Kathedrale verbunden: die Baumeister Peter Thumb (Rotunde mit Schiff) und Johann Michael Beer (Chor mit Doppelturmfassade), der Bildhauer und Leiter der Ausstattung Christian Wenzinger, der Maler Josef Wannenmacher und die Stukkatoren Johann Georg und Matthias Gigl sowie Joseph Anton Feuchtmayer und Franz Anton Dirr.

► Man befindet sich in einem der letzten großen Barockbauten im Bodenseeraum, der nur bei einer Führung komplett besichtigt werden

kann. Schreitet man durch das Laienschiff zur Empore, die 1810 eingebaut wurde, so fällt der gewaltige Orgelprospekt ins Auge. Darunter
befindet sich die Otmars-Krypta, die um 980 hier eingebaut wurde und
heute als Grablege der Bischöfe dient. Links und rechts im Westchor
erinnern barocke Ölgemälde von Benedikt und Gallus an die ehemaligen
Altäre. Wendet man sich nun wieder dem Altarbereich zu, so erregen die
vorspringenden, durchbrochenen Wandpfeiler den Eindruck eines dreischiffigen Kirchenraums. Das Laienschiff ist gleich lang wie der Chorraum und beide Bereiche werden von einer kuppelüberwölbten Rotunde, die gleichsam als Querhaus über die Langhauswände hinausragt,
verbunden. Ein Charakteristikum der Innenausstattung ist der Kontrast
zwischen den dunklen Tönen der Deckengemälde Wannenmachers und
dem Weiß der Pfeiler und Pilaster. Durchschreitet man die Rotunde und
geht auf den Altarbereich mit dem dahinter liegenden Chorraum zu,
fällt das Chorgitter mit geradem Abschluss ins Auge, das von Franz
Anton Dirr entworfen und von Joseph Mayer geschmiedet wurde. Auch
ohne an einer Führung teilzunehmen fallen beim Betrachten der Beicht-
stühle an den Seitenwänden die hervorragenden Schnitzarbeiten von
Joseph Anton Feuchtmayer auf, der auch das Chorgestühl schuf. Lässt
man vor dem Altarbereich den Blick zu beiden Seiten schweifen, erregen die vier Rokoko-Seitenaltäre aus Stuckmarmor von Fidel Sporer die
Aufmerksamkeit. Das älteste Altarbild, das Marienbild, stammt von Ste-
fano Legnani aus dem Jahr 1691. Eindrucksvoll ist auch der klassizistische Hochaltar von Josef Simon Moosbrugger um 1810, der im Blatt die
»Himmelsaufnahme Mariens« zeigt; das Gemälde stammt von Giovanni
Francesco Romanelli um 1645. Nimmt man an einer Führung teil, so
kann man im Chorraum das Alterswerk Joseph Anton Feuchtmayers
bewundern: das Chorgestühl aus Nussbaumholz, das den Schwung der
Rotunde nochmals aufnimmt. In fein gearbeiteten Reliefs schildert
Feuchtmayer Stationen im Leben des heiligen Benedikt. Nicht allein
durch die Anordnung des Chorgestühls, sondern auch durch die bemer-
kenswerten Schnitzarbeiten entsteht der kühne Rokoko-Schwung im
geraden Chorraum. Bemerkenswert sind die beiden barocken Choror-
geln von Victor Ferdinand und Joseph Bossart von 1768/70, nicht zuletzt
durch deren prachtvolle Prospekte.
Nach dem Verlassen der Kathedrale bietet sich nun ein Besuch der Stiftsbibliothek an.

STIFTSBIBLIOTHEK ▶ Nähert man sich dem Gebäude der
heutigen katholischen Kantonsbibliothek, die noch immer »Stiftsbibliothek« heißt, durch den schmalen Durchgang von der Kathedrale her,
gelangt man in einen Innenhof. Passiert man das Portal, so gelangt man

LINKS **Innenansicht** *der Kathedrale* | OBEN **Chorgestühl** *Joseph Anton Feuchtmayers*

über eine Treppe hinauf zum Eingangsbereich der Bibliothek. Für die Besichtigung des einzigartigen barocken Saales ist zwar ein Eintrittsgeld zu entrichten, doch das wird belohnt mit der Möglichkeit, den schönsten profanen Barockraum der Schweiz zu besichtigen, der zwischen 1758 und 1767 unter der Leitung der Äbte Cölestin Gugger (1740–1767) und Beda Angehrn (1767–1796) entstand.

▶ Die Filzpantoffeln sind Pflicht, denn der einzigartige Parkettboden des Saales ist höchst sensibel. Über dem Eingangsportal prangt eine griechische Inschrift, die übersetzt »Seelen-Apotheke« oder »Heilstätte für die Seele« lautet. Betritt man den Saal, wird man von der barocken Farben- und Formenvielfalt schier überwältigt.

▶ Der Baumeister Peter Thumb schuf, wie auch in Birnau, einen heiteren profanen Festsaal, zweigeschossig, mit Spiegelgewölben und schwungvollen Galerien. Bemerkenswert ist vor allem, wie harmonisch Holz- und Stuckarbeiten mit den Malereien zusammenwirken. Die Brüder Johann Georg und Matthias Gigl aus Wessobrunn schufen die Stukkaturen, die Deckengemälde wurden von Josef Wannenmacher ausgeführt und der Klosterbruder Gabriel Loser besorgte die Holzarbeiten.

▶ Neben aller architektonischen Besonderheit des Raumes stellt der Bestand der Bibliothek an Handschriften und Wiegendrucken das eigentliche Herzstück der Bibliothek dar und macht sie so für die Mittelalterforschung zur exzellenten Adresse. Hier können Handschriften, die teilweise vor Ort geschrieben wurden, besichtigt werden; einige von ihnen sind 1000 Jahre alt. Auch Kunsthistoriker finden hier ein reiches Betätigungsfeld, denn die St. Galler Buchkunst erreichte höchste Höhen. In wechselnden Ausstellungen erhält der Besucher Einblicke in die reichen Bücherschätze der Stiftsbibliothek.

▶ Der rechteckige Raum wird durch die Holzregale auf beiden Geschossen und durch die Deckengemälde rhythmisiert, zudem erhält er durch die großzügigen Fenster genügend Licht.

▶ Die Deckengemälde Wannenmachers stellen die vier ersten ökumenischen Konzilien dar: Nicäa (325), Konstantinopel (381), Ephesus (431) und Chalkedon (451). In den seitlichen Stichkappen sind die Kirchenväter dargestellt und in den Schmalseiten des Bibliothekssaals befinden sich die Bildnisse der Äbte Cölestin und Beda, die den Neubau betreuten.

▶ Es lohnt sich immer, die jeweilige Ausstellung zu besichtigen, denn nur hier hat man die Möglichkeit, die Handschriften in den Vitrinen aus nächster Nähe zu betrachten. Der Versuch einzelne Buchseiten zu lesen lohnt auch, wenn man die mittelalterlichen Abkürzungen nicht kennt, denn die handgeschriebenen Seiten beeindrucken in ihrer Kunstfertigkeit.

▶ Nach dem Verlassen der Stiftsbibliothek empfielt es sich, den ausgedehnten Platz zwischen Kloster und Kirche noch einmal auf sich wirken zu lassen, denn so wird die ehemalige Größe der Abtei anschaulich, die

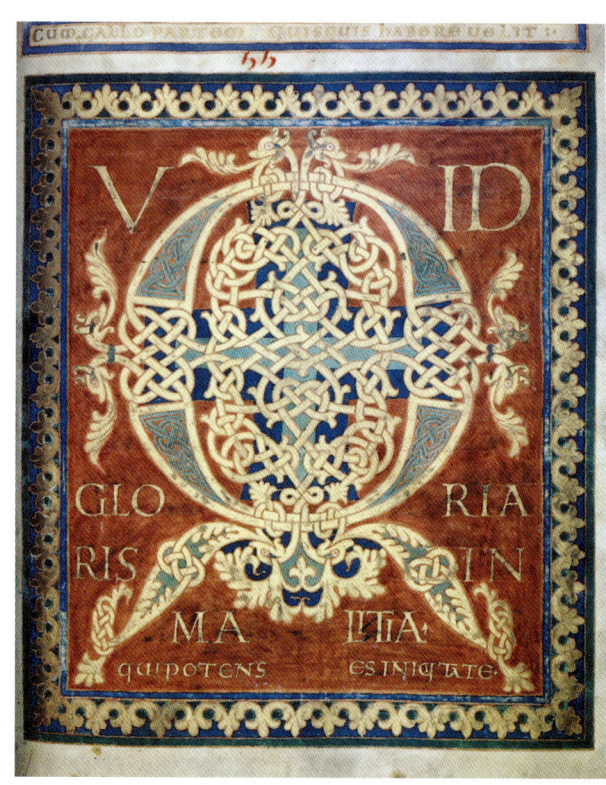

LINKS **»Folchart-Psalter«,** *Pracht-Initiale* | OBEN **Der prächtige Barocksaal** *der Bibliothek*

beinahe nach Rorschach verlegt worden wäre. Hat man noch ein wenig Zeit, so kann man einen kleinen Ausflug nach Rorschach anschließen.

RORSCHACH/MARIABERG ► Wie bereits erwähnt, entstand das Kloster Mariaberg als Drohgeste des Abtes Ulrich Rösch gegen die St. Galler Bevölkerung. Geht man die Mariaberger Straße von Rorschach aus hinauf und nähert sich der imposanten Anlage, so ist man zwar von den Ausmaßen beeindruckt, doch ist rasch zu erkennen, dass die geplante Klosterkirche nie zur Ausführung kam und hier nie ein richtiges Kloster stand. Nachdem die Gebäude 1489 durch die St. Galler Bevölkerung zerstört worden waren, begann Ulrich Rösch sofort mit dem Wiederaufbau, doch seine Nachfolger ließen den Gedanken des Umzugs des Klosters wieder fallen. Die Gebäude wurden unterschiedlich genutzt und seit 1864 führt der Kanton St. Gallen hier ein Lehrerseminar nebst Pädagogischer Hochschule.

► Trotz der spannungsgeladenen Entstehungsgeschichte brachten die ehrgeizigen Pläne Ulrich Röschs einen schönen spätgotischen Klosterbau hervor, der in der Renaissancezeit reich ausgeschmückt wurde. Und auch heute noch kann man sich die einstige monastische Bestimmung der Gebäude vergegenwärtigen, wenn in einzelnen Räumen nicht gerade unterrichtet wird.

► Betritt man das Gebäude durch das Hauptportal, gelangt man in den Nordflügel des Kreuzgangs. Interessant ist, dass die einzelnen Flügel unterschiedliche Gewölbe aufweisen. Das ehemalige Refektorium wurde in seiner Funktion beibehalten, denn heute ist hier die Mensa untergebracht. Das Sternrippengewölbe endet in figürlichen Schlusssteinen, in denen Heilige des Benediktinerordens, darunter auch die Inklusin Wiborada, dargestellt sind.

► Bemerkenswert ist der ehemalige Kapitelsaal, der heute als Musiksaal dient, denn hier kann man das prächtige Gewölbe mit den Malereien aus der Zeit um 1565 bewundern. Im Nordflügel befinden sich die barocken Prunkräume, die sehr sehenswert sind. Vor allem das »Josefszimmer« wartet mit eindrucksvollen Grisaillemalereien auf, die erst bei der letzten Restaurierung freigelegt wurden.

► Nach erfolgter Besichtigung dieser Anlage hat man leicht den Eindruck, dass es sich hier um ein ehemaliges Kloster handelt, das heute als Lehrerseminar dient. Aus diesem Grund wurde Mariaberg, obwohl es nie Kloster war, dennoch hier aufgenommen.

OBEN **Das Kloster Mariaberg** *in Rorschach* | UNTEN **Der ehemalige Kapitalsaal**

Kreuzgang *im Kloster Mariaberg*

MÜNSTERLINGEN –
VOM KLOSTER ZUM KANTONSSPITAL

Der Vorarlberger Baumeister Franz Beer, der bereits in Weißenau und St. Katharinental tätig war, schuf hier eine barocke Klosteranlage, die heute als Kantonsspital genutzt wird.

▶ Am Beginn der Klostergeschichte steht eine Legende: Um 1000 soll eine englische Königstochter in Seenot geraten sein, worauf sie gelobte, am Ort des rettenden Ufers eine Kapelle und einen Hort für fromme Frauen errichten zu lassen. Sie wurde gerettet und hielt Wort, so die Legende (die Parallelen zu Lindau aufweist). Daneben scheint der Konstanzer Bischof Gebhard II. (949–995) der eigentliche Gründer zu sein, der hier ein Chorfrauenstift, vornehmlich für Angehörige des niederen Adels und des Konstanzer Patriziats, gründete. Zunächst dienten die frommen Frauen im Pilgerhospiz in Konstanz, wurden dann aber nach Münsterlingen umgesiedelt. Durch die Gründung des Chorfrauenstiftes, das nach der Augustinerregel lebte, mussten die Frauen von den drei Mönchstugenden Keuschheit, Gehorsam und Armut nur die des Gehorsams geloben. Nach der Reformation wurde das Kloster 1549 von Benediktinerinnen übernommen, die unter der Führung einer Äbtissin lebten. Ende des 17. Jh. beschloss die Äbtissin, das Kloster an einem höher gelegenen Ort neu errichten zu lassen, und zwischen 1709 und 1716 erfolgte der Neubau am heutigen Ort. Als Baumeister konnte der weithin bekannte Vorarlberger Barockbaumeister Franz Beer gewonnen werden, der bereits in Weißenau und St. Katharinental gearbeitet hatte. Beer baute eine Vierflügelanlage, die einen Hof umschloss. Die Kirche nahm dabei die Hälfte des Nordflügels ein und konnte 1727 vom Konstanzer Bischof geweiht werden. Nach der Aufhebung des Konvents wurde 1840 in den ehemaligen Gebäuden das Thurgauische Kantonsspital errichtet, die Kirche dient heute der katholischen Kirchengemeinde Münsterlingen als Pfarrkirche.

EHEMALIGE KLOSTERKIRCHE ▶ Von den ehemaligen Klostergebäuden ist lediglich die Kloster- und heutige katholische Pfarrkirche zugänglich. Nähert man sich der Kirche, so erkennt man an der Außenfassade die großen Sandsteinfiguren der Kirchenpatrone Remigius, Walburga und Scholastika. Betritt man die Kirche, so findet man sich in einem typischen Kirchenbau der Vorarlberger Baumeisterschule wieder: ein Wandpfeilersaal mit einem weiten Querschiff in der Mitte. Besonders reizvoll ist der Kontrast zwischen den geweißten Wänden und den dunklen farbigen Seitenaltären und Deckengemälden. Ansprechend sind die illusionistischen Deckenbilder von Jakob Carl Stauder, die dem Betrachter den Eindruck von hoch aufsteigenden Kuppeln und geschlossenen oder offenen Fenstern vermitteln. Richtet man den Blick Richtung Chorraum, so fällt das sehr fein gearbeitete, perspektivische Chorgitter des Konstanzer Jakob Hoffner auf. Ebenfalls von einem Konstanzer Künstler, Christian Daniel Schenck, stammen die Plastiken und das Chorgestühl.

▶ Im rechten Altar des Schiffes ist ein Schrein mit den Gebeinen des heiligen Adrian anzutreffen, im linken Chorseitenaltar ein Schrein mit den Gebeinen des heiligen Vinzenz. Beeindruckend ist der Rosenkranzaltar, dessen Blatt von 15 fein gearbeiteten Medaillons eingefasst ist. An der linken Seitenwand im Hauptchor hängt ein Fasten- oder Hungertuch aus dem Jahr 1565, auf dem die »Arma Christi«, die Leidenswerkzeuge, dargestellt sind.

▶ Im Mittelgang des Kirchenschiffs befindet sich die Büste des Johannes Evangelisten, die bei der letzten »Seegförne« (dem Gefrieren des ganzen Bodensees) in einer feierlichen Prozession von Hagnau nach Münsterlingen gebracht wurde. Dieser Brauch reicht zurück ins Jahr 1573. Damals beschlossen die Hagnauer und das Münsterlinger Kloster, bei jeder »Seegfrörne« eine Eisprozession abzuhalten. Die Münsterlinger stifteten dazu die geschnitzte Büste des Evangelisten Johannes und man legte fest, dass sie bei jeder »Seegförne« ihren Standort zwischen Münsterlingen und Hagnau wechseln sollte. Von 1573 an fand das Ereignis 1684, 1830, 1880 und letztmals 1963 statt, seither ist die Büste in Münsterlingen. Allerdings nur bis zur nächsten »Seegfrörne«.

OBEN **Kloster Münsterlingen** | UNTEN **Innenansicht der Kirche**

BREGENZ –
ZEUGNIS MONASTISCHEN LEBENS AM BODENSEE

Die Stadt Bregenz bildet eine imposante Kulisse, die auf ein reiches kulturelles Angebot hindeutet. Doch Bregenz hat noch mehr zu bieten: Hier entstand das erste Kloster im süddeutschen Raum und gleich zwei Orden leben und »arbeiten« noch hier.

► Bregenz ist immer eine Reise wert, nicht nur, wenn man auf der Seebühne eine Oper sehen will. Die Stadt hat eine bewegte Geschichte hinter sich und beherbergt heute gleich zwei Orden, die hier leben und »arbeiten«: Dominikanerinnen und Zisterzienser. Es lohnt sich, die Geschichte der Stadt und ihre Klosterlandschaft bei einem kleinen Rundgang zu erkunden, denn hier lassen sich die Spuren des monastischen Lebens am Bodensee bis ins frühe 7. Jh. zurückverfolgen, als Columban und Gallus die Alemannen missionierten und das erste Kloster im süddeutschen Raum errichteten.

► Die ersten monastischen Impulse kamen durch den Iren Columban nach »Brigantium«, wie die Römer die kleine Anlage nannten. Um 610, als Columban am Bodensee ankam, pflegten die Alemannen heidnische Bräuche. Columban missionierte zwei Jahre lang und machte sich 612 nach Bobbio auf. Sein Gefährte Gallus blieb zurück und gründete eine Einsiedelei, aus der später das Kloster St. Gallen hervorging. Die Bregenzer Klosteranlage wanderte duch zahlreiche Hände, wurde als Burg, dann wieder als Kloster und heute als Landesbibliothek benutzt. Weit mehr Bedeutung erlangte die »Augia minor«, die Mehrerau, westlich der Stadt in Ufernähe gelegen. Um 1097 ließen sich hier Benediktiner aus Petershausen nieder, die, dank der Unterstützung des Grafen Ulrich X., nicht nur den Glauben verbreiten, sondern auch Wälder roden konnten. Doch mit der Säkularisation kam die Zerstörung der Kirche und der Bibliotheksbestände. 1854 kauften Zisterzienser aus Wettingen in der Schweiz das Anwesen und errichteten sowohl die Kirche als auch einzelne Gebäudeteile neu.

► Die Dominikanerinnen kamen 1904 nach Bregenz, als der Konvent das ehemalige Schloss aufkaufte und eine Schule mit Internat errichtete. Doch nun soll der Rundgang durch die Stadt beginnen.

LINKS **Columban und Gallus** *auf dem See* | OBEN **Kloster Mehrerau**

OBEN **Historische Darstellung** *der Klosteranlage*

MITTE **Fundamente** *der alten Klosterkirche*

UNTEN **Der Marienaltar** *in der Klosterkirche*

MEHRERAU ► Ein wenig außerhalb der Stadt, nahe am Ufer des Sees, liegt das Zisterzienserkloster Mehrerau. Nähert man sich der Anlage von der Straße her, so liegen linker Hand die Gebäude des Collegium S. Bernardi und rechter Hand die Konventbauten mit der Kirche. Die Gebäude entstammen größtenteils dem 19. Jh., abgesehen vom Quadrum, das um 1789 datiert. Aus der Zeit der Frühgeschichte des Kosters haben sich die Fundamente der alten Klosterkirche erhalten. Die Geschichte des Klosters reicht zurück in die Zeit um 1097 und nimmt ihren Ursprung in Konstanz. Von Petershausen kamen die ersten Benediktinermönche, die der Bitte des Grafen Ulrich X., sich hier niederzulassen, nachkamen. Er stattete den Konvent mit umfangreichem Grundbesitz aus und bald florierte das neu gegründete, der Hirsauer Reform folgende Kloster.

► Die Säkularisation um 1806/07 traf Mehrerau besonders hart, denn die Kirche wurde abgerissen, der Turm gesprengt und die Steine als Baumaterial für den Hafen verwendet. Durch die Zerstörung der Kirche ging ein bedeutendes Beispiel der Vorarlberger Bauschule verloren, das 1740 von Franz Anton und Johann Michael Beer errichtet wurde. Die Besitzer sollen sogar, anlässlich der Sprengung, zum Umtrunk geladen haben. Die Bücher der Bibliothek erlitten ein ähnlich schmähliches Ende: Sie wurden im Hof auf einen großen Haufen geworfen und verbrannt. Vom ehemaligen Bestand der Klosterbibliothek konnten knapp 60 Bände gerettet werden, die sich jetzt in der Landesbibliothek befinden.

► Die Wiederbelebung von Mehrerau kam 1854 durch die Zisterzienser aus Wettingen in der Schweiz, die das Anwesen kauften. Die Abtei Wettingen war bereits 1227 von Salem, dem bedeutendsten Zisterzienserkloster im Südwesten, gegründet worden. Da der Orden aber 1841 aus Wettingen vertrieben worden war, fand der Konvent in Mehrerau eine neue Heimat unter dem Prior Leopold Höchle. (Interessant ist der Status des Klostervorstehers von Mehrerau, denn er ist sowohl Abt von Wettingen als auch Prior der Mehrerau.) Die Zisterzienser richteten ein Gymnasium mit Internat, das Collegium S. Bernardi, ein, in dem sie bis heute wirken. Zudem betreuen die Zisterzienser aus Mehrerau die Wallfahrt in Birnau. Die rund 30 Mitglieder übernehmen neben dem Schuldienst auch seelsorgliche Tätigkeiten, wobei allerdings das monastische Leben in Klausur dominiert. So sind lediglich bei Führungen, die die Patres durchführen, Teile des Gästetraktes, die kleine Bibliothek, die Kirche und die darunter liegenden Fundamente zu sehen.

► Schreitet man auf die Westfassade der Kirche zu, so wird man am Portal von einer riesigen Betonfigur von Herbert Albrecht empfangen. Beim Betreten des Kirchenraumes fällt zweierlei auf: Die nüchterne Sachlichkeit eines zisterziensischen Kirchenraumes und die Verbindung einer Kirche des 19. Jh mit den baulichen Gegebenheiten einer romanischen Basilika. Obschon die Kirche durch die Seitenfenster erhellt wird, dominiert durch das Holzgestühl ein eher dunkler Eindruck. Wendet man sich nach links, so steht man vor dem Marienaltar. Die Marienstatue entstand um 1500 und gehört zu den Reliken aus der Zeit, als in Mehrerau noch Benediktiner wirkten. Der Altar selbst ist eine gotische Nachbildung der Werkstatt Metzger von 1902. Schreitet man dann durchs Langhaus und blickt auf den offenen Dachstuhl, fühlt man sich wiederum an romanische Architektur erinnert. Das Altarbild des Hochaltares stammt aus dem Kloster Gnadental, das zu Wettingen gehörte.

► Man sollte unbedingt an einer Führung teilnehmen, denn so bekommt man die Möglichkeit, die Fundamente der romanischen Basilika, die um 1125 nach den Vorschriften der Hirsauer Reform gebaut wurde, zu besichtigen. Über eine enge Wendeltreppe gelangt man in die »Unterkirche« und erkennt den kreuzförmigen Grundriss der Kirche, das Vierungsquadrat, das als Mönchschor diente und das dreischiffige Langhaus. Zudem ist der Bogen des Westportals zu sehen. Der Ort dient als letzte Ruhestätte der Zisterzienser-Äbte, die hier in Betonsarkophagen aufgebahrt werden. Man muss diesen Bereich auf sich wirken lassen, bevor man den Rundgang bei Tageslicht fortsetzt.

GALLUSSTIFT ► Um zur heutigen Landesbibliothek Vorarlberg, dem ehemaligen Gallusstift, zu gelangen, muss man die Stadt in Richtung Gebhardsweg durchqueren. Die Bauten erinnern von ihrer äußeren Erscheinung her – sieht man vom integrierten Sakralbau einmal ab – eher an ein Schloss als an ein ehemaliges Kloster. Dieser Eindruck kommt nicht von ungefähr, denn der Bau war beides.

► Die Anlage befindet sich an exponierter Stelle am Hang, und aus Walahfrids »Gallusvita« erfährt man, dass die Römer hier ein Kirchlein gebaut und den Ort »Brigantium« genannt haben sollen. Unter den Alemannen wurden aber wieder heidnische Bräuche gepflegt und so bot sich für die irischen Mönche Columban und Gallus ein ideales Betätigungsfeld, als sie um 610 hier ankamen: die Mission. Es entstand die erste Klosteranlage im südwestdeutschen Raum. Sie bauten kleine Zellen um die ehemalige Kirche und wirkten hier zwei Jahre lang. Doch dann brach Columban nach Oberitalien auf, Gallus blieb zurück und gründete an der Steinach eine Einsiedelei, aus der später St. Gallen entstand. Der Bregenzer Gründung war keine große Wirkung beschieden, sie zerfiel und wurde für weltliche Zwecke umgebaut: 1500 wurde Burg Babenwohl erbaut. Noch heute finden sich Reste in der Bausubstanz. 1906 kauften Benediktiner das Anwesen, das von der Gestapo bereits 1941 aufgehoben wurde. Seit 1982 besitzt das Land Vorarlberg die Anlage und brachte hier die Landesbibliothek unter. Sehenswert ist die Landesbibliothek vor allem wegen ihres »Kuppelsaales«: Der alte Kirchenraum wurde in seinen baulichen Gegebenheiten weitestgehend belassen und somit spürt man noch immer die Präsenz des ehemaligen Kirchenraumes. Man betritt den Kuppelsaal entweder von der Straße oder von der Verbuchung, im einen Falle vom Langhaus, im anderen Falle vom Chorraum her. Man gelangt über eine Treppe auf eine Galerie, die um alle Seiten des Baus führt. Imposant sind die riesige, 36 m hohe Kuppel und der reichhaltige Jugendstil-Wandschmuck, die dem Bau eine festliche und fast andächtige Stimmung verleihen.

MARIENBERG ▶ Man kann das Dominikanerinnenkloster zu Fuß vom Gallusstift aus erreichen. Geht man vom Gallusstift bergab und hält sich dann rechts, sieht man bereits am Hang die wunderschöne Parkanlage, in der sich das ehemalige Lustschloss befindet. Obschon der aktive Teil der Dominikanerinnen hier lebt – die Schwestern betreuen ein Mädchengymnasium mit Internat –, kann die Anlage nur bei einer Führung gegen Voranmeldung besichtigt werden.

▶ Inmitten des wunderschönen Parks, auf einer Anhöhe, liegt die 1877 erbaute ehemalige Villa Raczynski. Dahinter befinden sich die ehemaligen Gäste- und Wirtschaftsgebäude, die heute von den Schwestern bewohnt werden.

▶ Die Schwetserngemeinschaft stammt eigentlich aus Adelhausen bei Freiburg im Breisgau und wurde bereits um 1234 gegründet. Doch durch die Säkularisation musste der Konvent mehrmals umziehen, bis 1904 die Villa Raczynski zum Verkauf stand. Seither leben die Dominikanerinnen in Marienberg, wie die Anlage heute heißt. Der Name stammt von einer Statue der Mutergottes mit dem Kind, die bereits zuvor in einer Nische der heutigen Kapelle Raczynski stand. Wunderschön ist der in hellen Farben gehaltene Deckenstuck. Verlässt man die Anlage, ist rechter Hand das Schulgebäude zu sehen.

▶ Die Schwestern führen die Mädchenschule mit Internat und für Kurse, Seminare und Einkehrtage steht die Villa zur Verfügung. Hält man sich nun Richtung Pfarrkirche und geht an dieser vorbei, so kommt man zum Kloster Thalbach. Im 15. Jh. als franziskanisches Frauenkloster gegründet, wurde es ab 1796 von Dominikanerinnen genutzt. Da aber kaum Nachwuchs in Sicht war, wurde »Das Werk« 1983 gebeten, sich hier anzusiedeln. Da die Mitglieder kein verbindliches Habit tragen, gelten sie auch nicht als Orden. Es besteht die Möglichkeit, die barocke Klosteranlage, die Kirche und den Kreuzgang zu besichtigen. Entweder rundet man den Bregenz-Aufenthalt mit einem Spaziergang am Ufer ab oder man schließt noch einen Ausflug nach Feldkirch an.

OBEN **St. Gallusstift,** *heute die Vorarlberger Landesbibliothek*
RECHTS **Der große Bibliothekssaal** *in der Landesbibliothek*

FELDKIRCH ► Die Stadt bietet neben einer schönen Altstadt auch die Möglichkeit, den Spuren gleich dreier Orden zu folgen: Johannitern, Kapuzinern und Jesuiten. Bemerkenswert ist zudem, dass in Feldkirch bis heute Kapuziner leben und »arbeiten«, und zwar direkt in der Stadt.

► Stadt- und Klostergründung liegen zeitlich nahe beisammen und sind mit Graf Hugo I. von Montfort verbunden, der 1200 an wirtschaftlich wichtiger Stelle – die Handelsstraßen von Arlberglinie und vom Bodensee kreuzten sich hier – die Stadt Feldkirch gründete. Um 1218 holte er dann Johanniter in die Stadt. Die Kommende wurde 1610 aufgelöst und in ein Priorat des Benediktinerstiftes Weingarten umgewandelt. Der bekannteste Prior war Gabriel Bucelin, der sowohl Historiker, als auch Kunstsammler und Maler war. Einige Bilder, die Bucelin sammelte, können heute in der Basilika in Weingarten besichtigt werden. Nach der Säkularisation wurde die Kirche zur Gymnasialkirche und die übrigen Gebäude privatisiert.

► Mit der Gegenreformation kamen zwei weitere Orden nach Feldkirch: 1602 die Kapuziner, um 1648 die Jesuiten. Noch heute wirken die Kapuziner in Feldkirch und sie bewahren eine bedeutende Reliquie eines Märtyrers, des heiligen Fidelis, auf.

► Nach dem Dreißigjährigen Krieg kamen Jesuiten nach Feldkirch, die das Gymnasium betreuen sollten. Das Kolleg musste aber zwischenzeitlich geschlossen werden und wurde 1856 als »Stella Matutina«, wiederum von Jesuiten, gegründet. Doch 1979 kam das endgültige Aus dieser Einrichtung und heute dient das Gebäude als Landeskonservatorium und Musikschule.

KAPUZINER ► Im Herzen der Stadt befindet sich das Kloster Feldkirch, das seit nunmehr 400 Jahren in der Stadt besteht, denn im Jahr 1605 wurden Kirche und Kloster geweiht. Bekannt wurde das Kloster vor allem durch den ersten Ordensheiligen, Fidelis von Sigmaringen. 1622 wurde er im Prättigau erschlagen, danach als Märtyrer verehrt und 1746 heilig gesprochen. Bereits zuvor wurde an die Kirche die Fideliskapelle angebaut, in der die Reliquie des Heiligen aufbewahrt wird. Sowohl die Kapelle als auch die Kirche sind, dem Armutsgrundsatz des Ordens entsprechend, eher schlicht. Es finden sich einige Gemälde, geschnitzte Wandverkleidungen und der schön gestaltete Fidelisaltar. Das Kloster wurde Anfang der 1970er Jahre, die Kapelle 1975 erneuert. Für das Jahr 2005 sind weitere Umbauten geplant.

► Nach Besichtigung der Klosteranlage kann man noch einen kleinen Rundgang durch die Stadt anschließen. Geht man Richtung Ill, so kommt man an der (ehemaligen) St. Johanneskirche vorbei, die rechts und links von Gebäuden der ehemaligen Johanniter-Kommende flankiert wird. Auch auf der gegenüberliegenden Straßenseite befindet sich der Johanniterhof. Überquert man den Ill, ist bereits der riesige Gebäudekomplex der ehemaligen Stella Matutina zu erkennen, der heute als Landeskonservatorium dient. Um aber die Kapelle oder den Festsaal sehen zu können, sollte man ein Konzert besuchen.

Fideliskapelle *in Feldkirch*

LINDAU –
ZEICHEN DER VERBINDUNG VON STIFT UND STADT

Ob man sich mit dem Boot dem Lindauer Hafen nähert oder ob man über die Seebrücke auf die Insel gelangt, beide Blicke auf die Lindauer Insel haben ihren Reiz. Auf dem Kirchplatz, im Herzen der Altstadt, manifestieren sich noch heute zwei Seiten Lindauer Stadtgeschichte: einerseits des Stiftes und andererseits der Stadt selbst.

► Lindau bietet allein schon durch die Insellage einen reizvollen Anblick. Geht man über die Seebrücke und vorbei am Stadtpark mit dem alten Theater, gelangt man über die Schmiedgasse zum Markt- und Kirchplatz. Hier wird man von den eindrucksvollen Türmen des Münsters und St. Stephans begrüßt. Bemerkenswert ist die augenfällige Nähe der beiden Bauten.

► Nach der Legende soll Graf Adalbert von Rätien, als er in Seenot geriet, gelobt haben, dort ein Kloster zu errichten, wo er wieder festen Boden betreten könne. Dies soll um 800 und in Lindau geschehen sein. Um 810 errichtete er ein Benediktinerinnenkloster, das allerdings bis ins 11. Jh. nicht recht florierte. Ab 1079 beginnt die Geschichte der Stadt Lindau, als der stiftische Markt auf die Insel verlegt wurde. Zwischen 1256 und 1267 nahm das Stift die Augustinerregel an und die Frauen lebten als Kanonissen, wodurch sie in loser Gemeinschaft zusammenlebten, zum gemeinsamen Chorgebet aber verpflichtet waren. Im 13. Jh. kamen Franziskaner in die Stadt, die »Barfüßer« genannt wurden, da sie Sandalen ohne Strümpfe trugen. Ihr Kloster wurde aber bereits während der Reformation aufgehoben, stand einige Zeit leer und wurde unterschiedlich genutzt. Im 16. Jh. wurde die St. Stephans-Kirche zur Pfarrkirche der Reformierten umgewandelt, das Stift bestand daneben weiter. Auch wenn das heutige Münster, die ehemalige Stiftskirche, in der jüngsten Vergangenheit oftmals zerstört wurde, präsentiert es sich heute in wunderschönem Zustand.

MÜNSTER ULF ► Im Jahre 2002 wurde die ehemalige Stiftskirche zum Münster erhoben, ein würdiges Ende der wechselvollen Baugeschichte. Bereits 1728, beim großen Brand von Lindau, erlitt die Kirche erhebliche Schaden, und 1922 fiel der Dachstuhl erneut einem Brand zum Opfer. 1987 stürzte die ungesicherte Decke des Langhauses ein und bis 1993 wurde der gesamte Kirchenraum restauriert.

► Betritt man das Münster durch ein Seitenportal, findet man sich in einer hellen Wandpfeilerhalle mit vier Jochen und einer Empore wieder. Eindrucksvoll ist das gewaltige Deckengemälde, das den kompletten Deckenraum des Hauptschiffes einnimmt und die Himmelfahrt Mariens darstellt. Der barocke Neubau des Münsters stammt von Johann Caspar Bagnato, der auch die Kirche der Mainau baute. Schreitet man durch das Hauptschiff, nimmt der imposante Hochaltar aus rötlichem Stuckmarmor den Blick gefangen. Bemerkenswert ist das Spiel der Altarsäulen mit den Pilastern der Vierung im Osten, denn der Blick wird nach oben zum goldverzierten Strahlenkranz unter der Kuppel gelenkt. Das Altarblatt zeigt die Anbetung der Weisen und stammt von Franz Georg Hermann. Richtet man nun den Blick nach links zur nordöstlichen Langhausempore, so sieht man die anmutige Marienorgel und darunter die kunstvoll gestaltete marmorne Kanzel, die von 1751 stammt. Wendet man sich zur Empore, ist der mächtige Orgelprospekt, der die gesamte Länge der Empore einnimmt, zu bewundern. Zwar wirkt er wie eine Wand, die aber durch vertikale Einlagen rhythmisiert wird, deren Platzierung mit den Zierfiguren harmoniert. Direkt unter der Empore befindet sich die kleine Marienkapelle mit der eindrucksvollen Marienstatue.

RUNDGANG ► Verlässt man das Münster, so bietet sich ein kleiner Stadtrundgang an, wobei es sich lohnt, noch die St. Stephanskirche zu besichtigen, die hell und harmonisch auf den Betrachter wirkt. Vorbei am Rathaus in Richtung Brettermarktgelangt man zum Barfüßerplatz mit dem Stadttheater. Man erkennt von außen noch recht gut die Konturen des Kirchenschiffs. Im Innern aber befindet sich heute ein Jugenstil-Theatersaal, der kaum mehr an die eigentliche Funktion der Franziskanerkirche erinnert.

OBEN **Das Münster ULF** *(rechts) überragt den Marktplatz* | UNTEN **Blick ins Langhaus**

WEINGARTEN –
DAS SCHWÄBISCHE »ST. PETER« AUF DEM MARTINSBERG

Die Barockanlage des Benediktinerklosters Weingarten auf dem Martinsberg, besonders die markante Doppelturmfassade der Basilika, begrüßt den Besucher schon von weitem. Schreitet man den Hang hinauf, steht man gebannt vor dem imposanten Kirchenbau, der nicht zu Unrecht das »St. Peter von Oberschwaben« genannt wird.

► Die Klosteranlage erhielt ihre heutige barocke Gestalt zwischen 1715 und 1724, unter Abt Sebastian Hyller (1697–1730), der bedeutende Baumeister und Künstler für sein anspruchsvolles Projekt gewinnen konnte. Hier entstand der wohl beeindruckendste Kirchenbau im deutschen Südwesten für ein Kloster, das zum damaligen Zeitpunkt auf eine lange Geschichte zurückblicken konnte und noch heute besteht.

► Der Grundstein für die Klostergeschichte wurde um 934 durch die Welfen gelegt, die oberhalb der Siedlung Altdorf, wie die Stadt Weingarten früher hieß, ein Nonnenkonvent gründeten. 1056 tauschte Welf III. den Nonnenkonvent mit Benediktinern aus Altomünster aus und nun begann die Stiftung zu florieren, da das Kloster Weingarten die Grablege und das Hauskloster der Welfen blieb und reiche Zuwendungen erhielt. Bis zum Ende des 11. Jh. sollten die entscheidenden Weichen für das Schicksal des Klosters gestellt werden: 1094 erhielt die Stiftung von Welf IV. die bis heute bedeutendste Schenkung. Nach dem Tod seiner Frau Judith von Flandern vermachte Welf IV. dem Kloster den reichen Schatz ihrer Hauskapelle, darunter die Heilig-Blut-Reliquie, deren Verehrung ab 1200 dem Kloster große Bedeutung eintrug. Nach der Überlieferung soll Longinus, der Jesu Herz mit seiner Lanze durchstieß, durch dessen Blut bekehrt worden sein und die Reliquie, mit Blut vermischte Erde, nach Mantua gebracht und dort vergraben haben. 1048 wurde sie im Beisein Kaiser Heinrichs III. und Papst Leos IX. wieder geborgen und gelangte durch Schenkung an Graf Balduin von Flandern, der sie seiner Tochter Judith vermachte. Durch die Vermählung mit Welf IV. gelangte die Reliquie schließlich nach Weingarten, wo sie seit über 900 Jahren aufbewahrt wird. Noch heute wird am Blutfreitag, dem Tag nach Christi Himmelfahrt, der Heilig-Blut-Ritt begangen, an dem knapp 3000 Reiter betend durch die Flur ziehen, begleitet von rund 30000 Fußpilgern. Beschlossen wird die Prozession mit der Segnung der Pferde auf dem Klosterhof und einem feierlichen Gottesdienst in der Basilika.

► Die Hochphase innerhalb der Klostergeschichte liegt zwischen 1094 und 1274, als das Kloster die Exemtion, das heißt die Unterstellung unter den Apostolischen Stuhl, erhielt und zur Reichsabtei unter königlicher Vogtei erhoben wurde. In künstlerischer Hinsicht bildet die Amtszeit des Abtes Berthold (1200–1232) einen Höhepunkt der Weingartener Buchmalerei. Architektonische Reste des 1182 geweihten romanischen Münsters haben sich in der Wand des südlichen Seitenschiffes, Resten des Querhauses und des südlichen Turmes erhalten. An sie lehnt sich im Süden der Kreuzgang an, der aber der Klausur vorbehalten und somit nicht zugänglich ist. Ansonsten haben sich kaum architektonische Reste der Vorgängerbauten der Kirche erhalten.

► Der letzte große Höhepunkt der Klostergeschichte liegt an der Wende vom 17. zum 18. Jh. Zwei ehrgeizige Projekte konnten kurz hintereinander realisiert und abgeschlossen werden: Das Kloster Weingarten errichtete sein Priorat Hofen (die heutige Schlosskirche Friedrichshafen, siehe S. 102 f.) neu und nahm ab 1715 den eigenen Neubau in Angriff, der bereits 1724 weitestgehend abgeschlossen war.

► Im Zuge der Säkularisation wurde das Kloster Weingarten aufgehoben: Der umfangreiche Grundbesitz und die wertvolle Bibliothek, darunter 800 Handschriften und 1000 Wiegendrucke, gingen in Staatsbesitz über. Jedoch wurde das Kloster 1922 durch Benediktinermönche aus Erdington/England, das zur Beuroner Kongregation gehört, wieder besiedelt. Die Zwangsauflösung unter den Nationalsozialisten während der Kriegsjahre bedeutete zwar eine Unterbrechung, doch seit 1953 leben wieder Benediktiner im Konventbau südlich der Basilika. Der Konvent besteht im Moment aus 13 Mönchen und die übrigen Konventgebäude dienen neben der Pädagogischen und der Fachhochschule auch der Katholischen Akademie als Seminargebäude.

Basilika *Kloster Weingarten*

OBEN **Chorraum** *mit Chorgestühl* | MITTE **Hochaltar** | UNTEN **Orgel** *von Manuel Gabler*

▶ Nähert man sich der Klosteranlage, steht man beeindruckt vor der gewaltigen Westfassade der Basilika: im Vordergrund die Doppeltürme, die den konkav angelegten Mittelteil mit dem schweren Giebel flankieren und im Hintergrund die gewaltige Kuppel. (Ein ähnlich überwältigendes Bild bietet sich dem Besucher in St. Gallen oder Einsiedeln.)

Hat man den Vorraum durchschritten und betritt den Innenraum der Basilika, ist Beeindruckendes zu entdecken: Der Innenraum hat gewaltige Ausmaße – er weist mit 106 Metern Länge und einer inneren Kuppelhöhe von 66 Metern rund die Hälfte der Ausmaße des Petersdomes auf – und die Ausstattung ist prachtvoll. Zugleich fühlt man sich an das bekannte »Vorarlberger Wandpfeilerschema« erinnert, und dies nicht zu Unrecht, denn einer der Baumeister war Franz Beer : Die eingezogenen Pfeiler, die durch ihre Durchbrechung mit hohen Durchgängen auf beiden Geschossen Dreischiffigkeit suggerieren und das Spiel zwischen einfallendem Licht, den monumentalen Deckenfresken und dem feinen Stuck – alle Facetten wirken in diesem Hallenraum kongenial zusammen.

▶ Wendet man sich den das jeweilige Gewölbejoch ausfüllenden Deckenfresken von Cosmas Damian Asam (1686–1739) zu, so kann man außergewöhnliche Meisterwerke betrachten, die nicht nur mit den architektonischen Gegebenheiten des Raumes, sondern auch mit thematischen Bezügen spielen. Ein gutes Beispiel hierfür liefert das vorletzte Fresko vor der Kuppel, das das heilbringende Wirken des heiligen Benedikt thematisiert. Von dessen Bannstrahl getroffen, stürzt die Personifikation des Bösen ins Bodenlose und aus dem Bildfeld heraus. Am rechten Wandpfeiler befindet sich die kunstvoll gearbeitete, schwebend scheinende Kanzel des Weingartner Künstlers Fidelis Sporer. Engel heben sie scheinbar empor und der schwebende Eindruck wird durch das Fehlen eines Aufgangs noch betont. Verstärkt wird die Aufwärtsbewegung durch die beiden Engel, die die Brokatvorhänge aus Stuck beiseite ziehen. Indem der Prediger aus dem Pfeiler die Kanzel betrat, gewann die Szene den Charakter des »deus ex machina«, in Anlehnung an das barocke Jesuitentheater. Nähert man sich der Vierung mit ihrer imposanten Kuppel, in der eine überwältigende Himmelsvision dargestellt ist, steht man vor dem auf einer Insel ruhenden neuen Heilig-Blut-Altar, der 1931 unter dem Chorbogen errichtet wurde. Hier ist hinter Glas das in den 1950er Jahren nach mittelalterlicher Vorlage neu geschaffene Heilig-Blut-Reliquiar zu erkennen. Wendet man sich nach links, so sieht man im nördlichen Querarm den Heilig-Blut-Altar, der bis 1731 die Blutreliquie enthielt. Eine Anspielung hierauf findet sich im oberen Gelbfenster des Altars, denn darin erkennt man eine Kopie der Reliquie. Das Altarblatt stammt, ebenso wie das des Hochaltars, von Giulio Benso, und zeigt die Bekehrung des Longinus unter dem Kreuz durch das Blut Christi. Somit thematisiert es den Ursprung der Reliquie und stellt zugleich den Bezug zum zweiten Deckenfresko des Langhauses her, der »Apotheose der Heilig-Blut-Reliquie«.

▶ Schreitet man an der Altarschranke entlang und stellt sich vor den neuen Heilig-Blut-Altar, so zeigt sich der Chorraum mitsamt Hochaltar in voller Pracht. Ein erster Blickfang ist das 1727 von Paul Norz geschaffene perspektivische Chorgitter, das 1929 vor den Hauptaltar versetzt wurde: Im bogenförmig erhobenen Zentrum wird eine Abside simuliert, die die Abside der realen Architektur vorwegnimmt, was einen hübschen Effekt ergibt. Darüber erhebt sich majestätisch der Hochaltar, der durch seine wuchtige Säulenarchitektur und sein prunkvolles Gebälk mit Stuckfiguren besticht. Das rund sechs Meter hohe Altarblatt von Giulio Benso, »Christi Blut erlöst die Welt« (1628/31), stammt noch aus der alten Kirche. Als Zeichen zur Erlösung der Welt vergießt Christus sein Blut über eine Weltkugel. Der Hochaltar schmiegt sich eindrucksvoll in die Apsis und ein besonderer Farbakzent wird durch den grünen Baldachin gesetzt, der den Hochaltar umschließt.

▶ Im Chorraum befindet sich zu beiden Seiten eine weitere Kostbarkeit: das Chorgestühl (um 1718) des jungen Joseph Anton Feuchtmayer, seine erste größere Arbeit. Es ist ein fein gearbeitetes, dreireihiges Chorgestühl aus Nussbaumholz, das bereits von der Meisterschaft Feuchtmayers kündet, obschon die Formen noch eher geradlinig und wenig verspielt sind. Dies wird besonders deutlich, wenn man sich das St. Galler Chorgestühl in Erinnerung ruft, das als Spätwerk Feuchtmayers gilt und den kühnen Rokoko-Schwung aufweist.

▶ Hinter dem nördlichen Chorgestühl befindet sich die Chororgel, die von den Bossarts 1722 geschaffen wurde. Doch bereits 1741 erweiterte Joseph Gabler, der auch die Hauptorgel schuf, die Chororgel. Wendet man sich nun der Empore zu und richtet den Blick auf den wunderschönen Prospekt der Hauptorgel, so kann man ein Spiel zwischen Licht und feinstem Schmuckwerk bewundern. Die Aufteilung der Pedal- und Pfeifentürme und das Brückengehäuse folgt der Aufteilung der Fenster, ein prächtiger Anblick. Doch vor allem sollte man die Hauptorgel, die Joseph Gabler (1700–1771) zwischen 1737 und 1750 erschuf, hören. Sie gehört zu den bedeutendsten Orgelwerken Deutschlands und verfügt über 4 Manuale, 66 Register und 6666 Pfeifen, darüber hinaus wird sie von einem frei stehenden Spieltisch bedient, was zur Entstehungszeit eine beachtliche Leistung war. Eine merkwürdige Sage rankt sich um den Orgelbauer Gabler und seine Schöpfung: Im Bestreben die »vox humana« – eine Pfeife, die wie die Stimme eines Menschen klingt – zu gießen, soll Gabler dem Teufel seine Seele verschrieben haben, um diese Herausforderung zu meistern. Noch ein Grund mehr, einem Orgelkonzert in der Basilika in Weingarten zu lauschen.

WEISSENAU –
PRÄMONSTRATENSER IN DER AUGIA MINOR

Vor Ravensburg liegt Weißenau, eine weitere »Au« in der monastischen Bodenseeregion neben Mehrerau, Reichenau und Mainau. Hier folgt man den Spuren der Prämonstratenser und architektonisch dem Schaffen Franz Beers, wie man an der Doppelturmfassade der ehemaligen Klosterkirche erkennt.

▶ Der Name Weißenau setzte sich erst durch, als die Prämonstratenser, die ein reinweißes Ordenskleid trugen, bereits einige Zeit in der Petersau oder Minderen Au, wie der Ort früher hieß, lebten. Man trifft hier nicht nur auf einen in der Bodenseeregion seltenen Orden, sondern auch auf eine mehr als 850-jährige Klostergeschichte.

▶ Spaziert man um die ehemalige Klosteranlage, in der heute eine Heilanstalt untergebracht ist, so erhält man einen groben Eindruck der Gebäude aus dem 18. Jh. Die ehemalige Klosterkirche, deren beide Haubentürme schon von weitem grüßen, stammt aus dem 18. Jh. und hat einen bekannten Baumeister: Franz Beer.

▶ 1145 stiftete Gebizo von Ravensburg das Kloster, das von Prämonstratensern bezogen wurde. Die Ordensmitglieder lebten nach der Augustinerregel und versuchten, Mönch- und Priestertum zu verbinden. Sie widmeten sich dem Studium und der Herstellung von Büchern, aber auch der Seelsorge. 1283 erhielt das Kloster durch Rudolf von Habsburg eine Heiligblutreliquie, die heute in der Barockfassung im Norbertus-Altar im linken Ende des Querschiffes verwahrt wird. Im Laufe der Zeit wurden die Gebäude immer wieder umgebaut, bis 1707 der vollständige Neubau von Kloster und Kirche beschlossen wurde. Doch die Säkularisation setzte dem Kloster ein gewaltsames Ende, die Bücher aus der Klosterbibliothek wurden in alle Winde zerstreut, die Kirche zur Pfarrkirche und die übrigen Konventgebäude um 1888 zu einer Heilanstalt umgebaut.

PFARRKIRCHE ST. PETER UND PAUL ▶ Steht
man vor der Kirche so fällt auf, dass die Türme und das Portal aus unterschiedlichen Materialien geschaffen sind, was der Westfassade sprichwörtlich »Profil« verleiht. Beim Betreten der Kirche unter der Empore entfaltet der Kirchenraum seine ganze Pracht. Auch hier erkennt der Besucher recht schnell den typischen Kirchenraum der Vorarlberger Baumeisterschule: eine Wandpfeilerhalle, deren Langhaus durch Gewölbejoche in drei Bereiche aufgeteilt ist. An das mittlere Langhausjoch, das durch eine Kapelle queraxial betont wird, schließt sich die Vierung mit einer kreisrunden Flachkuppel an. Sehenswert ist vor allem die gelungene Kombination der eingezogenen Wandpfeiler, der durchlaufenden Galerien und der Stuckarbeit des Wessobrunner Franz Schmuzer. Besonders schön ist das Spiel zwischen Architektur, Schmuck und dem durch die Rundbogenfenster einfallenden Licht.

▶ Geht man durch das Hauptschiff auf den Altarraum zu, sieht man rechter Hand die schöne Rokokokanzel (1723) von Anton Hecht, deren Baldachin von einer Michaelsfigur bekrönt wird. Hinter dem Kreuzaltar befindet sich linker Hand der Marienaltar, der die spätgotische Weißenauer Madonna (um 1490) zeigt. Absolut sehenswert ist der lange Chorraum, der von einem Fresko Joseph Anton Hafners (um 1743) überwölbt wird, das den Psalm 150, »Himmel und Erde preisen den Herrn«, zeigt. Darunter der eindrucksvolle frühbarocke Hochaltar (1629–1631): Zwei Konsolen links und rechts tragen korinthisierte Säulen, auf denen das Gebälk ruht. Das Gemälde stammt von Christian Steinmüller und zeigt den Abschied der Kirchenpatrone Petrus und Paulus und ihr Martyrium. Eine wunderschöne Schnitzkunst bietet das Chorgestühl von David und Martin Weiß aus Ravensburg (1633–1635), das 26 Heiligenreliefs zeigt. Wendet man sich nun wieder der Westseite zu und richtet den Blick nach oben, sieht man das mittlere Deckengemälde, das Mariä Verkündigung darstellt und vom Konstanzer Maler Jacob Carl Stauder (um 1719) stammt. Beeindruckend ist nicht nur die illusionistische Darstellung einer Kuppel, sondern auch die Maltechnik, denn die Ölfarbe wurde auf trockenen Putz (»al secco«) aufgetragen, wodurch die kräftigen Farbwerte entstehen. Beim Blick auf die Empore fällt besonders der wunderschöne Orgelprospekt auf, in dessen Mitte ein Portikus eingelassen ist, der wunderbar mit dem dahinter liegenden Rundbogenfenster harmoniert.

LINKS **Orgelprospekt**

RECHTS **Westfassade** *der Kirche Weißenau*

UNTEN **Hochaltar**

FRIEDRICHSHAFEN –
ARCHITEKTONISCHE ANKLÄNGE
AN DAS PRIORAT WEINGARTENS

Friedrichshafen ist mehr als nur Zeppelin- oder Kurstadt. Hier verbinden sich Moderne und Geschichte am Seeufer: die Schlossanlage mit Kirche und der Hafen mit dem Kurhaus.

▶ Schlendert man an der Uferpromenade entlang zur Schlossanlage, so bewegt man sich gleichsam zwischen zwei Zeiten und Orten und das nicht von ungefähr, denn erst 1811 wurde das Kloster Hofen und die Stadt Buchhorn zur Stadt Friedrichshafen zusammengelegt. Beim Gang zur Schlossanlage wandelt man somit auf den Spuren des ehemaligen Klosters Hofen.

▶ Gegründet wurde das Benediktinerinnenkloster um 1080 durch die Grafen von Buchhorn. Es fiel bald an die Welfen, die es ihrem Hauskloster Weingarten übergaben, und bis 1802 verblieb das Kloster in der Obhut Weingartens. Große Bedeutung kam dem Kloster nicht zu, es wurde sogar im 15. Jh. aufgelöst und bestand lediglich als kleine Zelle Weingartens weiter. Um 1700 errichtete man eine neue Kirche und Hofen wurde 1702 zum Priorat von Weingarten. Doch genau hundert Jahre später erfolgte die Säkularisation des Klosters. Seit 1812 dient die Kirche der evangelischen Gemeinde als Pfarrkirche.

DIE KIRCHE ▶ beim Betreten der Kirche stellt sich ein Gefühl der Vertrautheit, der Erinnerung an andere Kirchenräume ein. Dieser Eindruck entsteht durch das Zusammenwirken der Vorarlberger Bauschule und der Wessobrunner Bau- und Stukkatorenschule und durch Anklänge an die Basilika in Weingarten.

▶ Begonnen wurde der Kirchenbau 1695 von Christian Thumb (1645–1726), die Stukkaturen stammen von Johann Schmuzer (1642–1701). Der Hochaltar wurde von Franz Schmuzer (1676–1741) geschaffen. Besonders augenfällig ist das schöne Zusammenspiel zwischen den einzigartigen Stuckarbeiten, den sowohl schwarzen als auch roten Seitenaltären und dem wuchtigen Hochaltar. Zusätzlich zur Helligkeit des hellgrauen Stucks kann das Licht durch die großzügigen Seitenfenster in den Kirchenraum einfallen.

LINKS **Innenansicht** *der Schloßkirche* | OBEN **Mächtig** *ragen die Türme der Schloßkirche in den Himmel*

Betrachtet man die Loge an der Südseite, die an die Empore angrenzt, etwas genauer, so erkennt man die Nähe zu Weingarten, die hier symbolisch ausgedrückt wird: Weinranken, Heiligblutreliquie und die Löwen als Zeichen der Welfen. Wendet man sich nun wieder dem Langhaus zu, das am Chorbogen durch die schwarzen Seitenaltäre zu Ehren Johannes des Täufers (links) und des heiligen Pantaleon (rechts) doppelt akzentuiert wird, gleichsam um die Trennung zwischen Chor und Laienschiff zu betonen, so fällt zudem auf, dass sowohl Hochaltar als auch Kanzel in denselben Farben (meergrün und porphyrrot) gehalten sind. Dadurch wird der Chor mit dem Schiff verbunden, genauer: Messopfer und Wort sind liturgisch und künstlerisch in eins gesetzt. Lässt man den Blick ein wenig im Kirchenraum schweifen, so fällt auf, dass jeder liturgische Ort seine Entsprechung findet. Besonders augenfällig wird dies an den vier Altären der Seitenkapellen: Die beiden östlichen sind aus rotem, die beiden westlichen Altäre sind aus schwarzem Stuckmarmor. Diese Farbwechsel setzen sich in den Chorbogenaltären fort und finden ihren Abschluss im beeindruckenden Hochaltar. Seine Architektur ist deswegen so bemerkenswert, weil sich in ihm die übrigen Altaraufbauten spiegeln und hier zum kunstvollen Höhepunkt gebracht sind. Zwei vorstehende Säulenpaare, in deren Mitte ein Pfeiler, und je eine gedrehte Säule flankieren das große Altarblatt über dem sich das Gebälk erhebt, das durch die von Engeln flankierte Gloriole dominiert wird. Der Hochaltar scheint in den Bogen der Chorwand hineinkomponiert und nimmt den Raum vollständig ein. Das Hochaltarblatt, das die Kreuzabnahme Christi zeigt, stammt von Leopold Greising aus Konstanz und ist eine Kopie von Giulio Bensos Gemälde am Longinusaltar in Weingarten (siehe S. 98).

► Vor dem Hochaltar ist zu beiden Seiten das Chorgestühl aus je zwei Reihen aufgestellt. Martin Höfle, der auch die Kanzel schuf, erstellte 1701 das Chorgestühl, dessen Aufsatz von Johann Michael Feuchtmayer stammt. Eine wunderschöne Schnitzarbeit, die nicht nur durch ihr reichhaltiges Zierwerk glänzt, sondern auch durch den schönen Kontrast zwischen Rückwand und vergoldetem Aufsatz aus Akanthusschleierwerk mit Engelsfiguren. An den Enden der unteren Sitzreihen sind Büsten angebracht: im Vordergrund links Moses (Gesetzestafeln) und rechts König David. Im Hintergrund ist jeweils Benedikt dargestellt, abwechselnd mit Buch und Kelch.

► Richtet man den Blick nach oben ins Gewölbefeld des Chores, so erkennt man an den Plaketten, dass die Stuckarbeiten rekonstruiert sind. Im Jahre 1944 wurde die Kirche erheblich beschädigt und der originale Stuck (1698/1700) hat sich nur in den Galerien im Chor erhalten. Doch die Restauratoren konnten sich an den alten Vorlagen orientieren und so blieb der Gesamteindruck der Wessobrunner Schmuckformen im Wesentlichen erhalten.

OBEN **Chorgestühl,** *linke Seite von Westen*

SALEM –
DIE SCHLOSSANLAGE ALS ABBILD
ZISTERZIENSISCHER STRENGE

Nur wenige Anlagen vermitteln dem Besucher so eindringlich wie Salem das monastische Erbe des Ortes. Und selten erzählen die erhaltenen Gebäude so lebendig über den klösterlichen Geist, der einst hier herrschte, als die Zisterzienser eine mächtige Reichsabtei schufen.

▶ Nähert man sich der heutigen Schlossanlage Salem, die im 17. Jh. ihr heutiges Aussehen erhielt, so lassen sich recht schnell die einzelnen Gebäudeteile unterscheiden: das Quadrum der Konventbauten und die es umschließenden Wirtschaftsgebäude. Bereits jetzt herrscht der Eindruck vor, dass hier ein mächtiger und reicher Orden über lange Zeit gewirkt hat: die Zisterzienser.

▶ Ende des 11. Jh. gründete Robert von Molesme in Citeaux, lateinisch *Cistercium*, ein Kloster und setzte fest, dass die Regel des heiligen Benedikt wörtlich zu befolgen sei, da zur damaligen Zeit die Ordnung in Benediktinerklöstern nachgelassen hatte. Nach Robert von Molesme sollten die Mönche vor allem von ihrer Hände Arbeit leben, arm sein, abgeschieden und kontemplativ. Diese strenge Ordnung forderte nicht nur jeden einzelnen Mönch in der Landwirtschaft, dem Ackerbau, in Skriptorium oder Werkstatt, sie sicherte vor allem – und hier das Paradox – die materielle Basis des Klosters und trug zum Reichtum des Ordens bei. Sichtbare Gestalt fand die wörtlich genommene Benediktsregel nicht nur in der ersten Verfassung (»Charta caritatis«), sondern vor allem auch in Vorschriften für Neugründungen. Es war vorgeschrieben, dass man keine alten Klöster übernehmen, sondern neue zu gründen habe, deren Ort möglichst weit von Siedlungen entfernt lag. Darüber hinaus sollten die Bereiche der Mönche und Konversen streng getrennt sein und Frauen wurden zunächst nicht aufgenommen.

▶ Die Gründung des Klosters geht ins Jahr 1134 zurück, als ein Ritter namens Guntram von Adelsreute den Ort um »Salemaneswilare« den Zisterziensern für ihre Neugründung zu Verfügung stellte. Hier entstand nun das fünfte Zisterzienserkloster überhaupt unter dem ersten Abt Frowin. Der Konvent wuchs rasch auf 60 Mönche an, so dass ein neues Kloster gegründet werden konnte: Raithaslach in Bayern. Vor allem unter Abt Eberhard I. (1191–1240) wurden die Weichen für die spätere Eigenständigkeit Salems gelegt. Durch die erwirtschafteten Überschüsse kaufte er beständig Land auf, so dass der Machtbereich mehr und mehr ausgedehnt wurde. Im Gegensatz zu den Bestimmungen des Generalkapitels suchte Eberhard die Nähe des Adels, auch adliger Frauen, und unterstützte die Gründung von gleich sechs Frauenklöstern. Indem er das Kloster dem Erzbischof von Salzburg, einem Verwandten von ihm, unterstellte, erhielt er im Gegenzug die Salzgewinnungsrechte von Hallein; damit war Salem für die nächsten 300 Jahre der wichtigste Salzlieferant im Bodenseeraum.

▶ Ende des 13. Jh. wurde mit dem Bau des heutigen Münsters begonnen, da die alte Kirche zu klein geworden war. Die Arbeiten erstreckten sich allerdings über einen langen Zeitraum, denn erst 1414 vollzog Erzbischof Eberhard III. von Salzburg die Weihe. Man erkennt noch heute recht gut, dass der Bau den strengen Vorschriften des Ordens folgt: ohne besonderen Schmuck, ohne Turm, mit einem einfachen Dachreiter. Dennoch stellt der Bau eine der größten gotischen Kirchen im Raum Baden dar.

▶ Während des Dreißigjährigen Krieges erreichte Abt Thomas I., dass ihm 1637 die volle Landeshoheit über sein Territorium zugesprochen wurde: Salem war ein Staat geworden und blieb es bis zur Säkularisation 1802.

▶ 1697 brannte das Kloster ab, lediglich das Münster blieb verschont. Doch bis 1707 waren die Gebäude, wie sie heute zu sehen sind, wieder errichtet. Abt Anselm II. (1746–1778) führte das Kloster zu einer letzten Blüte: Er ließ die Wallfahrtskirche Neu-Birnau errichten, gestaltete das Münster neu und ließ einen rund 60 Meter hohen Vierungsturm nach den Plänen Bagnatos ausführen, der zur damaligen Zeit das größte Geläute Süddeutschlands trug. Der Turm wurde aber 1807 abgebrochen und der heutige Dachreiter errichtet.

▶ Zwar bestand das Kloster nach der Säkularisation unter dem neuen Landesherrn Carl Friedrich von Baden noch weiter, doch es löste sich

OBEN **Ehemalige Klosteranlage Salem** | UNTEN **Bernhardusgang**

kurze Zeit später selbst auf. Zunächst dienten die Gebäude als Sommer-residenz, später als Wohngebäude der Großherzöge von Baden. Seit 1920 ist die »Schule Schloss Salem« in einem Teil der Gebäude untergebracht. Im Gegensatz zu Münster, Bernhardusgang, Refektorium und Prälatur kann die Schule selbst bei einer Führung nicht besichtigt werden.

RUNDGANG DURCH DIE SCHLOSSANLAGE

▶ Spaziert man über den Ehrenhof, so erhebt sich linker Hand die impo-sante vierflügelige Prälatur, die den Kaisersaal in sich birgt und den Schlusspunkt des Rundgangs bildet. Bereits von außen vermittelt das Münster einen Eindruck von gotischer Strenge, hat man es betreten weist der Innenraum eine eindrucksvolle Verbindung von Gotik und frühklassizistischer Neuausstattung auf. Der Innenraum ist geprägt durch Schlichtheit, Weite und Helligkeit, die vor allem durch das Fehlen von Farbe und der Verwendung von Alabaster bei Altären und Figuren erreicht wird. Man glaubt, sie wären aus weißem Marmor gefertigt. Tritt man näher an den Altarraum heran, so sieht man an den vorderen Vierungspfeilern links das Stiftermonument und rechts das Äbtemonu-ment, beide geschaffen von Johann Georg Dirr (1775/1777). Das Stifter-monument thematisiert die wichtigsten Personen und Ereignisse in der Salemer Geschichte: Rechts vom Obelisken sind Guntram von Adelsreu-te, der Stifter, und König Konrad III., der königlichen Schutz gewährte, dargestellt. Auf der rechten Seite des Obelisken ist Papst Urban VI. zu sehen, der den Salemer Äbten das Recht gewährte, Pontifikalien zu tra-gen. Das Salzfass verweist auf den Salzburger Erzbischof Eberhard, der dem Kloster eine Saline in Hallein übertrug. Das Äbtemonument zeigt eine Liste aller Salemer Äbte, allerdings in Form von Skeletten mit Wür-denzeichen, um die Amtsinhaber an die Vergänglichkeit des Irdischen zu gemahnen. Geht man an der Chorschranke, die durch Putten und Vasen von Dirr verziert ist, entlang zum Chorraum, so befindet sich am vorderen Vierungspfeiler das Bernhardmonument. Bernhard von Clair-vaux (1090–1153), der bedeutendste Vertreter der Zisterzienser, gründe-te allein 68 Klöster von Clairvaux aus und predigte für das Zustande-kommen des zweiten Kreuzzugs (1147–1149). In seinem Beinamen »doctor mellifluus« spiegelt sich vor allem seine Redegewandtheit, da in seinen Predigten die lehrreichen Worte wie Honig aus seinem Mund flossen. Aus diesem Grund befindet sich zu seinen Füßen der Honig-schlecker Dirrs (1779). Besonders beeindruckend ist der lange Chorraum mit dem wunderbaren Chorgestühl und dem mächtigen Hochaltar. Das Gestühl aus Nussbaum und vergoldetem Lindenholz zu beiden Seiten des Chores entstand ab 1766 in der Werkstatt Joseph Anton Feuchtmay-ers und Johann Georg Dirrs. Der Hochaltar nach Entwürfen Johann

Georg Dirrs (um 1778) füllt die gesamte Chorschlusswand aus. Im unte-ren Bereich der Benedikts-, Verena- und Bernhardsaltar, darüber das Relief mit Mariens Himmelfahrt. Als »memento mori« auf die ablaufen-de Zeit befindet sich über dem Gebälk eine Uhr.

▶ Wendet man sich dem südlichen Querhausarm zu, so gelangt man durch das Bernhardus-Portal, eine Arbeit Jospeh Anton Feuchtmayers (um 1736), in den Kreuzgang, der durch die Gemälde, die Stationen im Lebens Bernhards schildern, auch Bernhardusgang genannt wird. Besonders eindrucksvoll sind allerdings die Stuckarbeiten, die dem Besucher beim Durchschreiten des Bernhardusgangs die kunsthistori-sche Entwicklung der Stukkateurskunst vermitteln: von einfachen For-men des frühen Barock bis hin zur Meisterschaft Johann Georg Dirrs, die sich in komplizierten Ornamenten und vollendeten Rocaillen zeigt. Durch ein Portal mit der Inschrift, die übersetzt: »Nun esst, was euch vorgesetzt wird!« heißt, betritt man das ehemalige Refektorium, das heute als evangelischer Betsaal genutzt wird. Besonders sehenswert ist hier der Deckenstuck der Wessobrunner Familie Schmuzer und Joseph Anton Feuchtmayers. Auf dem zentralen Deckengemälde von Spiegler ist das »Letzte Abendmahl« dargestellt. Höchst interessant ist der 1733 aufgestellte und von Daniel Maier gefertigte Kachelofen insofern, als er dem Besucher auf jeder einzelnen Kachel Szenen aus dem Leben der Zis-terzienser zeigt. Vornehmlich werden die Mönche bei ihren unter-schiedlichen Arbeiten (Feldarbeit, Weinbau) dargestellt, und damit ist der Ofen eine bedeutende Sachquelle für den heutigen Besucher. Man verlässt das Refektorium mit der Mahnung: »Sei dankbar für das, was du empfangen hast und denke an die Armut, wenn es nicht genug war!« *(Si satis est quod edas id gratus sume, memorque sis pauperitatis, si nequit esse satis.)*

▶ Hat man die »Kunsthistorische Führung« (die vorzuziehen ist) gebucht, so kann man ausgewählte Teile des heutigen Schlosses, die vor-malige Prälatur, besichtigen: Bibliothek, Kaisersaal und Abtsalon. Nach dem Betreten der barocken Bibliothek durch die schwere Eisentür, fin-det man sich in einem hellen, sorgfältig ausgestatteten Saal wieder, der von einem reich stukkierten Gewölbe umspannt wird. Ein schöner Kon-trast wird durch das ebenerdige Weiß und das schwere Braun der Gale-rie erreicht, abgemildert durch das großzügig einfallende Licht. Im zweiten Stock des ehemaligen Amts- und Wohngebäudes des Abtes befindet sich der wohl überwältigendste und prunkvollste Raum: der Kaisersaal.

▶ Nach dem verheerenden Brand von 1697 wurde die Prälatur so, wie sie sich heute dem Besucher darbietet, bis 1707 neu errichtet. Die Aus-stattung dieses wichtigsten Empfangssaales schuf Franz Joseph Feucht-mayer und die Funktion des Raumes fand in dessen Arbeit sichtbaren

Ausdruck. Der eintretende Gast wurde (und wird noch heute) sogleich mit der politischen Bedeutung Salems konfrontiert. Die Statuen aller deutschen Kaiser seit der Gründung der Reichsabtei Salem stehen auf erhöhten Sockeln an den Fensterpfeilern. Dazu noch in den Medaillons der Fensternischen die Büsten der Päpste, denen Salem Privilegien zu verdanken hatte. Hier ist die geballte Macht Salems, sowohl auf weltlicher als auch geistlicher Ebene, inszeniert und man kann davon ausgehen, dass jeder Gast zunächst von dieser Selbstinszenierung eingeschüchtert wurde. Vielleicht lag auch hierin das Programm?

► Nach der langen Führung kann man entweder noch den barocken Marstall, das Feuerwehrmuseum oder Kunsthandwerkerläden besuchen oder aber man stärkt sich, bevor man die Rückreise antritt.

OBEN **Impression** *der Schloßanlage* | UNTEN **Der Salemer Honigschlecker**

RECHTS OBEN **Gartenidylle** *mit Blick auf die Prälatur* | RECHTS UNTEN **Der prunkvolle Kaisersaal**

BIRNAU –
EINE PERLE DES ROKOKO

Wohl kaum eine Kirche am Bodensee liegt so herrlich wie die Wallfahrtskirche Birnau: Oberhalb eines sonnigen Südhangs am Überlinger See, zwischen Überlingen und Uhldingen, grüßt die Birnau ihre Besucher schon von weitem. Hier findet man ein wahres Meisterwerk des Kirchenbaus, das den Glanzpunkt der oberschwäbischen Barockstraße bildet.

▶ Nähert man sich heute der Birnau, so empfängt den Besucher die Anlage von 1750, die in ihrer baulichen Geschlossenheit und ihrer Einbettung in die Umgebung wohl ihresgleichen sucht. Die wichtigsten Künstler schufen Mitte des 18. Jh. in nur vier Jahren dieses Gesamtkunstwerk: Peter Thumb, Joseph Anton Feuchtmayer und Gottfried Bernhard Goez. Bei aller barocken Pracht übersieht man gern, dass die Marienwallfahrt nach Alt-Birnau bis ins frühe 14. Jh. zurückreicht. Bereits damals befand sich, rund 3 km vom heutigen Standort entfernt, eine kleine Marienkapelle, die von Mönchen der Salemer Zisterzienserabtei betreut wurde. Unter dem Salemer Abt Anselm II. (1746–1778) wurde eine neue Wallfahrtskirche auf dem Hügel oberhalb des Schlosses Maurach errichtet: die heutige Birnau. In nur vier Jahren schufen der Baumeister Thumb, der Bildhauer Feuchtmaier und der Maler Goez diesen Festsaal Gottes, der nur noch kurze Zeit von Mönchen betreut werden sollte, denn 1803 kam die Säkularisation. Doch seit 1919 wird die Birnau wieder von Zisterziensern betreut, denn der Konvent aus Mehrerau bei Bregenz (siehe S. 86 ff.) kaufte in jenem Jahr sowohl Kirche als auch Schloss Maurach. Bis heute ist die Birnau Priorat des Zisterzienserklosters Mehrerau und in den an die Kirche angebauten Klosterbauten leben wieder einige Patres; somit konnte sogar die Ordenstradition fortgeführt werden.

RECHTS **Wallfahrtskirche** *Birnau*

DIE KLOSTERKIRCHE BIRNAU ▶ Der erste Blickfang
der Birnau ist der weithin sichtbare Turm, der sich über die Kirche und das angebaute Priesterhaus erhebt. Nähert man sich dem Portal, sieht man über der Balkontür die Statue der Maria Immaculata Feuchtmayers. Betritt man sodann den Kirchenraum, fasziniert besonders das Zusammenspiel von Form, Farbe und Licht. Der Raum besteht aus einem sechsachsigen Langhaus, wobei das vierte und fünfte Joch nach außen gewölbt sind, gleichsam um ein Querschiff anzudeuten. Unge-

wöhnlich für die Vorarlberger Bauschule, die durch weit ausgreifende Wandpfeiler Dreischiffigkeit suggerierte, ist hier, dass die einzelnen Joche des Mittelschiffs nur als flache Rechteckvorlagen gearbeitet sind. Der gesamte Raum scheint auf den Hochaltar abgestimmt und ausgerichtet zu sein, dafür sprechen auch die eleganten Emporen zu beiden Seiten des Langhauses. Auch die angedeutete Kuppel mit dem die Architektur illusionistisch fortführenden Deckengemälde akzentuiert architektonisch die Bedeutung des Hochaltares.

► Betrachtet man die Seitenaltäre, die dem heiligen Benedikt und dem heiligen Bernhard geweiht sind, etwas genauer, so fällt auf, dass ihr Aufbau asymmetrisch ist und erst im Zusammenwirken mit dem Hochaltar eine Einheit hergestellt wird. Ein hübsches Detail erkennt man am Bernhardsaltar recht rasch: den Honigschlecker, den man vielleicht bereits in Salem gesehen hat. Der Putto verdeutlicht die Redegewandtheit Bernhards, der auch »doctor mellifluus« (der honigfließende Lehrer) genannt wurde. Man sieht zudem, dass im ganzen Kirchenraum Putten einzelne Bildszenen fortführen oder architektonische Bezüge setzen, vor allem dadurch entsteht der Eindruck des Gesamtkunstwerks.

► Linkerhand befindet sich die Kanzel Feuchtmayers am Durchgang zum Chorraum. Der Schalldeckel wird mit den Sinnbildern der christlichen Religion (Opferlamm, Kreuz und Kelch) bekrönt und an der Kanzelbrüstung sind die Evangelistensymbole (Mensch, Löwe, Stier und Adler) zu erkennen.

► 1790 überarbeitete Johann Georg Wieland den Hochaltar und fügte ein Engelsrelief aus Alabaster ins Blatt ein. Davor wurde das schöne Gnadenbild des frühen 15. Jh. platziert, ein beeindruckender Anblick. Beeindruckend sind auch die Deckenfresken Bernhard Goez'. Das Deckenfresko im Langhaus zeigt neben Maria als Schutzherrin der Zisterzienser vor allem Kloster- und Ordensgeschichte: Neben Bernhard von Clairvaux ist der Stifter Salems, Guntram von Adelsreute, zu sehen. Auf der gegenüberliegenden Seite sind die Salemer Äbte Stephan II. und Anselm II. als Bauherren dargestellt, da sie Pläne Salems und der Birnau halten. Unter der Gruppe von Notleidenden hat sich Goez selbst dargestellt, vermutlich auch Feuchtmaier und Thumb.

► Das Deckenfresko im Vorchor deutet eine Scheinkuppel an, die sich nach oben fortsetzt und den Blick auf den Himmel freigibt, eine weitere außergewöhnliche Arbeit.

Wie keine andere Kirche im Bodenseeraum führt die Birnau dem Betrachter die Einheit zwischen Architektur, Plastik und Malerei vor Augen, die aus der Kirche einen Festsaal, ein Theater mit dem Altar als Bühne zu Ehren Mariens, werden lässt. Und verlässt man die Kirche, so glaubt man, einer bildreichen, bunten, ehrenvollen Vorstellung zu Ehren Mariens beigewohnt zu haben.

LINKS **Birnauer Honigschlecker** | OBEN **Blick** *von der Empore auf den Hochaltar*

ÜBERLINGEN –
AUF DEN SPUREN MEHRERER ORDEN IN DER EHEMALIGEN REICHSSTADT

Nähert man sich Überlingen mit dem Schiff, so prägt vor allem das einstige Handels- und Kornhaus, »Greth« genannt, das Bild der Seepromenade. Denn Überlingen war zuerst eine Handelsstadt, bevor einzelne Orden in ihr wirkten.

▶ Überlingen gehört zu den ältesten freien Reichsstädten am Bodensee. Die Stadt entwickelte sich im Mittelalter von einer alemannischen Residenz zu einer wohlhabenden Handelsstadt, und hieraus erklärt sich auch der relativ späte Beginn des Ordenslebens in Überlingen. Nachdem Überlingen 1211 das Stadtrecht erhalten hatte, kamen fast gleichzeitig, zwischen 1257 und 1260, zwei völlig unterschiedliche Orden in die Stadt: Johanniter und Franziskaner. Der eine Orden, die Johanniter, die wegen ihres späteren Hauptsitzes Malta auch Malteser genannt wurden, bauten an exponierter Stelle ihre Kirche. Die Franziskaner, ganz ihrem Armutsgelöbnis gemäß, siedelten sich an der Stadtmauer an und waren bei der Bevölkerung beliebt, weil sie in der Seelsorge und im Schuldienst tätig waren.

▶ Mitte des 14. Jh. siedelten sich Sammlungen frommer Frauen, Beginen genannt, in der Stadt an. Die Sammlung bei St. Gallus wurde später in ein Klarissinnenkonvent verwandelt, dessen Schwestern in strengster Klausur ein kontemplatives Leben führten. Genau 200 Jahre nach ihrer Gründung löste sich die Gemeinschaft 1557 in der Reformationszeit auf. Ähnlich kurze Dauer war auch den Kapuzinern und dem Chorherrenstift St. Nikolaus beschieden, die zu Beginn des 17. Jh. nach Überlingen kamen. Obschon zumindest die Kapuziner bei der Bevölkerung recht beliebt waren, haben sich kaum sichtbare Spuren erhalten. Allerdings war es ein Kapuziner, der die Bevölkerung während der schwedischen Besatzung 1634 zur Stiftung der »Schwedenmadonna« bewegte und zwei »Schwedenprozessionen« anregte. Noch heute werden beide Prozessionen abgehalten und die Madonna mitgetragen.

DIE FRANZISKANERKIRCHE ▶ Bei einem kleinen
Rundgang durch die Stadt können die Zeugnisse monastischen Lebens am besten vergegenwärtigt werden, wobei es sich empfiehlt, diesen von der ehemaligen Franziskanerkirche aus zu beginnen: Geht man vom Landungsplatz aus die Franziskanerstraße bergauf, so kommt man direkt auf das Franziskanertor mit dem gotischen Portal zu. Früher war es mit den Konventgebäuden verbunden, wird aber heute durch eine Straße davon abgetrennt. Rechterhand liegt die Franziskanerkirche, die durch einen Seiteneingang betreten werden kann.

▶ Im Innern befindet man sich unter der Empore und seitlich des Westportals steht das alte Laienchorgestühl. Begibt man sich ins Mittelschiff, so fallen die gotischen Spuren der 1348 geweihten dreischiffigen Basilika und die barocken Umgestaltungen ins Auge, die ab 1753 nach Plänen von Johann Michael Beer durchgeführt wurden und zwar von den drei Künstlern, die auch an der Birnau gearbeitet haben: Peter Thumb, Gottfried Bernhard Goez und Joseph Anton Feuchtmayer. Besonders schön ist das Zusammenspiel zwischen den gotischen Bögen, die das Mittelschiff von den Seitenschiffen abtrennen und die prachtvolle barocke Ausstattung.

▶ Beim Durchschreiten des Mittelschiffs, fällt zunächst das Deckengemälde in einem illusionistischen Kuppelraum von Franz Ludwig Hermann aus Konstanz (1753) auf, das die himmelwärts strebende Maria zeigt, die auf Erden von den Kirchenvätern und Großen des Franziskaner- und Dominikanerordens flankiert wird.

▶ Die anmutige, schlanke Kanzel stammt von Franz Anton Dirr (1761). Nähert man sich dem Altarraum, so sieht man am linken Chorbogen den Altar des heiligen Bonaventura (†1274), der von Franziskus als Kind geheilt und später zum Ordensgeneral gewählt wurde. Am rechten Chorbogen ist der Altar des heiligen Johannes Nepomuk aufgestellt. Der linke Seitenaltar an der Stirnwand des Seitenschiffes ist Franziskus geweiht und zeigt im Blatt, wie der Heilige das Jesuskind hält, wobei an seinen Händen die Stigmata zu erkennen sind. Wendet man sich nun dem langen, geteilten Chorraum zu, so kann man den eindrucksvollen

Blick *auf die Uferpromenade Überlingen*

Hochaltar bestaunen, ein Werk von Joseph Anton Feuchtmayer und Franz Anton Dirr. Zwei frei stehende Säulenpaare rahmen das Altarbild, das die Unbefleckte Jungfrau Maria zeigt. Den Abschluss des Giebels bildet eine von Engeln gehaltene Krone, eine bemerkenswerte Arbeit. Verlässt man die Kirche, so befinden sich rechter Hand die ehemaligen Konventgebäude aus dem 18. Jh., in denen sich heute ein Altersheim befindet. Der Weg führt weiter die Wiestorstraße bergauf zur Susogasse, wo in den Sommermonaten das sog. »Susohaus« besichtigt werden kann. Ob die Mutter oder Heinrich Seuse, genannt »Suso«, dort überhaupt gelebt haben, ist mehr als fraglich, aber das kleine Seuse-Museum ist durchaus sehenswert.

▶ Hält man sich dann wieder in Richtung Promenade, so kommt man unterhalb des Franziskanertors am »Salmannsweilerhof« vorbei. Bereits ab 1225 hatte die mächtige Abtei Salem hier ihren Stadthof, wie in so vielen Städten am Bodensee. Hier residierte die Vertretung des Ordens, die nicht nur Gäste aufnahm, sondern vor allem die Produktionsüberschüsse aus der Landwirtschaft verkaufte. Das Gebäude stammt aus der Zeit um 1535. Am besten beendet man den Rundgang vor der Kulisse des Hafens.

Innenansicht *der Franziskanerkirche Überlingen*

GLOSSAR

ORDEN

AUGUSTINER-CHORHERREN. Während des 11. und 12. Jh., im Zuge der »Gregorianischen Reform« wurden die Weltkleriker der Stifts- und Domkapitel unter die Regel des hl. Augustinus und die Aufsicht des Bischofs gestellt. Die so entstandenen regulierten Chorherrengemeinschaften, die nach der strengen Auslegung der Augustinusregel lebten, legten die Gelübde des Gehorsams, der Armut und der Keuschheit ab und lebten in klosterähnlicher Gemeinschaft zusammen. (→ Münsterlingen, Öhningen, Warth/Ittingen)

AUGUSTINER-EREMITEN. Dieser Orden entstand zwischen 124 und 1256, als sich mehrere Eremitengemeinschaften Italiens zum dritten der vier großen Bettelorden (Franziskaner, Karmeliten, Dominikaner) vereinigten. Dieser heute meist nur »Augustiner« genannte Orden verpflichtete sich zum Leben nach der Regel des hl. Augustinus und schrieb die drei Gelübde (Gehorsam, Armut, Keuschheit) vor. Seit 1968 nennt sich der Orden offiziell »Augustiner«, da das damalige Generalkapitel beschloss, dass »Eremit« heute kein Wesensmerkmal des Ordens mehr sei. (→ Konstanz)

BARMHERZIGE SCHWESTERN VOM HEILIGEN KREUZ. 1856 vom Kapuzinerpater Theodosius Florentini und Maria Theresia Scherer in der Schweiz gegründet. Der Gründungsimpuls war auf jene Menschen gemünzt, die in Zeiten der Frühindustrialisierung in Not geraten waren: »Was Bedürfnis der Zeit, ist der Wille Gottes.« Die Schwestern wirken in der Obdachlosenhilfe, in Alten- und Pflegeheimen, in Sozialstationen und Kindergärten. (→ Hegne)

BEGINEN. Ab Ende des 12. Jh. entstanden weibliche und männliche Laiengemeinschaften, die religiös leben und in christlicher Nächstenliebe wirken wollten. Diese Gemeinschaften lebten, sich selbst versorgend, in klosterähnlichen Häusern. Nach dem Konzil von Vienne 1311, das solche Gemeinschften verbot, schlossen sich die Mitglieder meist Franziskanern oder Dominikanern, Zisterziensern oder Prämonstratensern an. (→ Konstanz)

BENEDIKTINER. Der älteste, westliche Orden, der nach der Regel des hl. Benedikt von Nursia († um 550 n. Chr.) lebt. Dessen Regel schrieb neben Besitzlosigkeit, Armut und Gehorsam gegenüber dem Abt auch die lebenslange Bindung an ein Kloster (stabilitas loci) vor. Starke Förderung erfuhr diese Regel durch Karl den Großen und unter seinem Sohn Ludwig dem Frommen, mit seinem Berater Benedikt von Aniane, wurde sie auf dem Aachener Reichstag von 816 als Grundlage allen klösterlichen Lebens durchgesetzt. Ab diesem Zeitpunkt begann die umfassende Ausbreitung des Ordens und es entstanden mächtige Abteien (Reichenau, St. Gallen). Ab dem 11. Jh. kommen dann neue Orden auf, die eine strengere Auslegung der Benediktregel fordern (Kartäuser, Zisterzienser) und mit der Bewegung der Bettelorden werden die Benediktiner mehr und mehr zurückgedrängt. Die schwersten Krisen brachten die Reformation, dann die Säkularisation. Doch in der ersten Hälfte des 20. Jh. kam es zu zahlreichen Neugründungen. (→ Bregenz, Feldkirch, Fischingen, Friedrichshafen, Konstanz, Lindau, Münsterlingen, Radolfzell, Reichenau, Rorschach, Schaffhausen, St. Gallen, Stein am Rhein, Weingarten)

BETTELORDEN. Die Bettelorden gingen aus der Armutsbewegung des 12./ 13. Jh. aus und suchten das Ideal evangelischer Christusnachfolge durch ein Leben in Armut, Buße, christlicher Predigt und tätiger Nächstenliebe innerhalb der Kirche zu realisieren. Hier sind es vor allem Franz von Assisi (†1226), Gründer der Minderen Brüder (Minoriten, Franziskaner) und Dominikus († 1221), Gründer der Predigerbrüder (Dominikaner), die im Vordergrund stehen. Im 13. Jh. konstituierten sich zudem die Karmeliten und die Augustiner-Eremiten als Orden. Bis heute gelten Franziskaner, Dominikaner, Karmeliten und Augustiner-Eremiten als Bettelorden im engeren Sinn.

CLUNIAZENSISCHE REFORM. Ausgehend vom 908/10 gegründeten, burgundischen Kloster Cluny. Die Äbte Clunys wollten einerseits die strenge Befolgung der Benediktregel durchsetzen und andererseits das Kloster von weltlichen oder bischöflichen Einflüssen freihalten. Dadurch suchten sie die Unterstellung unter päpstlichen Schutz. Darüber hinaus erfolgte die Zentralisation in einem Klösterverband unter Leitung des Großabtes von Cluny.

DEUTSCHER ORDEN. Der zeitlich letzte der drei großen Ritterorden ging aus einer Hospitalbruderschaft hervor, die während des 3. Kreuzzugs für ein Feldlazarett in Akkon (1189/90) zuständig war. 1198 wurde die Bruderschaft in einen Ritterorden umgewandelt und von den Staufern tatkräftig unterstützt. Nach 1291 verlegte der Orden seinen Hauptsitz nach Venedig und 1309 auf die Festung Marienburg im Preußenland. Nach der Säkularisation wechselte der Hauptsitz erneut, der Hochmeister residiert heute in Wien. (→ Mainau)

DOMINIKANER. Dieser Orden wurde 1206 von Dominikus (um 1170–1221) gegründet. Sein Konzept lag in der Bekehrung der in die Häresie abgleitenden Katharer und Waldenser durch apostolische Predigt in apostolischer Armut. Zunächst breitete sich der Orden in Städten Frankreichs und Oberitaliens aus, später in ganz Europa. Bedeutende Vertreter dieses Ordens sind die Gelehrten Albertus Magnus (1200–1280) und Thomas von Aquin (1224/5–1274). (→ Bregenz, Konstanz, St. Katharinental)

FRANZISKANER. Ausgehend von Franz von Assisi (1181/2–1226) und seiner ersten Regel bildete sich nach und nach der Orden der »Minderen Brüder«, der von den Päpsten Innozenz III., Honorius III. und Gregor IX. unterstützt wurde. Später schlossen sich die Gemeinschaft der Klarissen (Zweiter Orden) und der sogenannte »Dritte Orden«, in dem sich Laien zu einem religiösen Leben nach Franz' Regel entscheiden konnten, an. So rasch der Orden wuchs, so tief wurde die Krise, die sich an der Frage der Besitzlosigkeit entzündete. Diese Krise zog sich über mehrere Jahrhunderte hinweg und führte zu einigen Abspaltungen (z.B. im 16. Jh. zu den Kapuzinern). Von Beginn an wirkten die Franziskaner in den Städten und übernahmen die Betreuung des Bürgertums. (→ Konstanz, Lindau, Stein am Rhein, Überlingen)

HIRSAUER REFORM. Unter Abt Wilhelm (1069–1091) schloss sich Kloster Hirsau 1073 der cluniazensischen Observanz an und wurde zum Ausgangspunkt einer strengen und päpstlich ausgerichteten Reform. Architektonischer Ausdruck der Hirsauer Reform ist die dreischiffige Basilika von Hirsau mit Querschiff und dreischiffigem, gerade geschlossenem Chor; eine neue Ausprägung des romanischen Stils. Politischen Ausdruck fand die Hirsauer Reform in der Unterstützung der päpstlich-gregorianischen Partei gegen die Kaiser Heinrich IV. (1056–1106) und Heinrich V. (1106–1125).

JESUITEN. Gegründet von Ignatius von Loyola (1491–1556) als »Societas Iesu«. Zusammen mit seinen Gefährten gelobte er, in Armut und Keuschheit zu leben, nach Jerusalem zu pilgern und für das Seelenheil zu arbeiten. Papst Paul III. bestätigte den Orden 1540, dessen kirchlicher Auftrag in der Ausbreitung des Glaubens durch Predigt, Exerzitien, karitativen Werken, Seelenführung und religiösen Bildungsaufgaben in Schulen, lag. Der Orden ist zentralistisch organisiert. Jesuiten sind Regularkleriker, haben kein gemeinsames Chorgebet und keine einheitliche Ordenstracht. Neben den drei Gelübden wird strikter Gehorsam gegenüber dem Papst gefordert. (→ Feldkirch, Konstanz)

JOHANNITER (MALTESER). Die Anfänge dieses geistlichen Ritterordens reichen zurück in die Zeit um 1050, als ein Hospital in Jerusalem für Palästinapilger gegründet wurde. 1099, als das Königreich Jerusalem gegründet wurde, erhielt das Hospital eine neue Organisation und es entstand ein religiöser Orden zur Pilgerbetreuung. 1154 wurde dieser Orden approbiert und parallel bildete sich der militärische Zweig des Ordens aus, der 1530 seinen Haupsitz nach Malta verlegte (Malteser). 1953 wurde von den deutschen Assoziationen des Orden und dem Deutschen Caritasverband der Malteser-Hilfsdienst gegründet; eine zeitgemäße Rückbesinnung auf Kranken- und Fürsorge, Hilfsdienst und Katastrophenschutz. (→ Feldkirch, Überlingen)

KAPUZINER. 1528 wurde dieser Orden als neuer franziskanischer Ordenszweig bestätigt. Der Name leitet sich vom Habit des Ordens ab, der das Tragen des Originalhabits Franziskus' zu tragen: Ein braunes Gewand mit angenähter Kapuze. Zentraler Gedanke war die Rückkehr zu den Grundideen: Absolute Armut, Fürsorge für Arme und Kranke. Ab Mitte des 16. Jh. breitete sich der Orden von Italien rasch über Europa aus, als Träger der Gegenreformation. Durch die Säkularisation erheblich geschwächt, konnte sich der Orden ab 1884 wieder konsolidieren. (→ Feldkirch, Konstanz, Radolfzell, Überlingen)

KARTÄUSER. Gegründet durch Bruno von Köln (†1101), der sich 1084 mit einigen Gefährten in die Wildnis von Chartreuse zurückzog, um ein leben in strengster Askese zu führen. Bemerkenswert ist, wie der sich um 1200 herausbildende Orden Einsiedler- und Gemeinschaftsleben kombiniert. Kartausen vermitteln dem Besucher genau diese Verbindung, da das Kloster aus der Kirche mit dem anschließenden kleinen Kreuzgang und den Gemeinschaftsräumen besteht. Hieran schließt sich der große Kreuzgang, um den die Zellen (Häuschen) angebaut sind. Darin verbrachte der Bruder den Großteil seines Lebens in Schweigen, ausgenommen an Feiertagen. (→ Warth/Ittingen)

PALLOTINER. 1835 von Priester Vincenzo Pallotti (1795–1850) gegründet und 1904 vom Papst bestätigt. Die Pallotiner, bzw. die Gesellschaft des katholischen Apostolats, sind eine Priestergemeinschaft, die sich zu einem gemeinsamen Leben nach den evangelischen Räten (Gehorsam, Armut, Keuschheit) verpflichtet. Das zentrale Anliegen der Gemeinschaft ist das katholische Apostolat in Seelsorge und Mission. (→ Konstanz)

PRÄMONSTRATENSER. Der zweite wichtige regulierte Chorherrenorden neben den Augustiner-Chorherren. Gegründet vom Adligen Norbert von Xanten (1080/85–1134), der um 1115 sich zu innerer Umkehr entschloss, die Priesterweihe erhielt und als Wanderprediger wirkte. 1120 richtete er eine Gemeinschaft bei Laon ein und gründete das Kloster Prémontré (lat. *Praemonstratum*). Der Orden festigte sich rasch und breitete sich ab der zweiten Hälfte des 12. Jh. in Frankreich und Deutschland aus und konnte sich zu einem überdiözesanen Verband zusammenschließen. Die Aufgaben des Ordens liegen im klösterlichen Leben und in der Seelsorge.

(GEISTLICHE) RITTERORDEN. Ab Mitte des 11. Jh., parallel zur Mönchsreform und der Kreuzzugsbewegung, entstehen Orden, die Mönchtum mit Rittertum verbinden. Hierzu gehören die Johanniter, der Deutsche Orden und die Templer. Die Anfänge liegen in Palästina, an den heiligen Stätten des Christentums. Diese Orden waren zuständig für die Begleitung der Pilger zu den heiligen Stätten, ihr Schutz und das Wirken in Armen- und Krankenpflege. Durch die Verpflichtung der Verteidigung der heiligen Stätten bildeten sich die militärischen Zweige dieser Orden mehr und mehr heraus und nun stand der Kampf gegen Muslime und Heiden im Vordergrund. Allen drei wichtigen Ritterorden mussten nach dem Fall Akkons 1291 neue Betätigungsfelder suchen, verlegten ihren Hauptsitz, oder wurden, im Falle der Templer, verfolgt und aufgehoben.

ZISTERZIENSER. Den Namen erhielt der Orden vom Kloster Cîteaux (lat. *Cistercium*) in Burgund. Robert von Molesme ließ sich hier 1098 nieder, um mit seinen Gefolgsleuten in Tal und Einsamkeit streng der Benediktregel zu folgen. Der Aufstieg des Ordens ist verbunden mit Bernhard von Clairvaux (1090–1153), der vom Mutterkloster aus das Kloster Clairvaux gründete (1115), dessen Abt er bis zu seinem Tod blieb. Allein von Clairvaux gingen 68 Tochtergründungen aus. Richtschnur blieb die strenge Einhaltung der Benediktregel, die sich vor allem in der Schlichtheit der frühen Kloster- und Kirchenbauten der Zisterzienser manifestiert. (→ Birnau, Bregenz, Salem).

KÜNSTLER

ASAM, COSMAS DAMIAN (1686–1742?), Maler und Architekt und Egid Quirin (1692–1750), Bildhauer, Stukkateur, Maler und Architekt. Sie gehören zu den Mitbegründern des bayerischen Rokoko. (→ Einsiedeln)

BAGNATO, JOHANN CASPAR (1696–1757, Steinmetz, Baumeister und Architekt. 1735–1740 Baumeister des Bistums Konstanz. Er wirkte bei zahlreichen Abteien (Salem, St. Blasien) mit und führte Großaufträge (Mainau) durch. Bedeutend ist seine Zusammenarbeit mit Joseph Anton Feuchtmayer und Franz Joseph Spiegler (→ Mainau, Salem, St. Gallen)

BEER. Österreichische Baumeister- und Maurer-Familie aus dem Bregenzerwald, die zur Vorarlberger Bauschule gehörten. Um 1650 gründete Michael Beer die »Auer Zunft«. Der wichtigste Vertreter dieser Familie ist Franz (II.) Beer von Blaichten (1660–1726), der Schwiegervater von Peter Thumb. Er gilt als der wichtigste Vertreter der Vorarlberger Bauschule und als der bedeutendste Barockbaumeister Süddeutschlands. Deutlich erkennbar ist die Auseinandersetzung mit dem Wandpfeilerschema und sein Bestre-

ben, Longitudinalbauten zu zentralisieren. (→ Münsterlingen, Salem, St. Katharinental, Weingarten, Weißenau). Ein Vertreter des anderen Zweiges der Beer-Familie ist Johann Michael Beer von Bildstein (1698–1780), der Entwürfe für Mehrerau lieferte und an den Klosterbauten Fischingen und der Stiftskirche St. Gallen mitarbeitete. Der letzte Vertreter der Vorarlberger Meister, der überregionale Bedeutung erlangte, war Johann Ferdinand Beer (1731–1789). (→ Mehrerau, St. Gallen).

DIRR, FRANZ ANTON (1724–1801). Ab 1749 als Geselle in der Werkstatt von Joseph Anton Feuchtmayer bezeugt. (→ Salem, St. Gallen, Überlingen)

FEUCHTMAYER, JOSEPH ANTON (1696–1770). Bedeutendster Vertreter der deutschen Bildhauer- und Stukkatorenfamilie des Rokoko, aus Wessobrunn stammend. Bereits sein Vater Franz Joseph (1659–1718) wirkte in Salem und Weingarten. Joseph Anton Feuchtmayer gilt als der bedeutendste Rokokoplastiker im Bodenseegebiet. Bemerkenswert ist die expressive Stilisierung der Figuren und die ornamentale Bewegtheit. (→ Birnau, Mainau, Salem, St. Gallen)

THUMB, PETER (1681–1766). Schwiegersohn Franz (II.) Beers. Seine frühen Kirchenbauten spiegeln die Vorarlberger Bauschule wider, seine späteren Werke tendieren eher zum Saalbautypus. (→ Birnau, St. Gallen)

VORARLBERGER BAUSCHULE. Gruppe von Baumeistern, Stukkatoren und Handwerkern aus Vorarlberg, die im 17. und 18. Jh. in Süddeutschland und in der Schweiz wirkten. Zentrum waren die Familien der »Auer Zunft«, die vor allem an Klosteranlagen, Kloster- und Wallfahrtskirchen arbeiteten. Besonderes Charakteristikum ist das sog. »Vorarlberger (Münster-) Schema«: tonnengewölbtes Langhaus mit Kapellennischen und darüber liegenden Emporen zwischen Wandpfeilern und ein wenig auslandendes Querhaus. Auffällig ist die Zusammenarbeit mit Wessobrunner Stukkatoren, die sich in

der monochromen, meist weißen, architekturbezogenen Stuckdekoration zeigt.

WESSOBRUNNER SCHULE. Durch Herkunft aus Wessobrunn oder durch verwandtschaftliche Beziehungen verbundene Stukkatoren-Gruppe, die im 17. und 18. Jh. vornehmlich in Süddeutschland wirkte. Besondere Vetreter sind die Familien Schmuzer und Feuchtmayer.

BEGRIFFE

APSIS. Bezeichnet einen nischenartigen, oft kuppelüberwölbten Raumabschluss mit halbkreisförmigem oder polygonalem Grundriss. Durch den An- oder Einschluss an den Hauptraum, wird der überwölbte Raum mit Bedeutung angereichert.

BAROCK. Bezeichnet die europäische Kunst von 1580/1600 bis etwa 1750. In der Architektur, besonders im Kirchenbau erkennt man die Tendenz, Längs- und Zentralbau zu verschmelzen, wobei die Kuppel der Betonung des Zentralbaus dient. Zentraler Gedanke ist der Effekt des »theatrum sacrum«, der durch die Betonung der Mitte, emporstrebende Formen, überraschende Lichtführung und Schmuckfülle erreicht wird.

BASILIKA. Im christlichen Kirchenbau der früheste eigenständige Bautypus, der auf die Apsis hin ausgerichtet ist, die den Abschluß des Lang- bzw. Querhauses bildet und Altar, Bischofsstuhl und Priesterbank aufnimmt. Damit einher geht die funktionale Trennung zwischen Laien (Langhaus und Seitenschiffe) und Geistlichkeit (Apsis). Durch die Kombination von Lang- und Querhaus entstand der für das abendländische Christentum bedeutende T-Grundriss, der die Kreuzessymbolik wiederspiegelt.

CHOR. Bezeichnete im Mittelalter die erweiterte, nach Osten ausgerichtete Apsis, die den Hochaltar und das Chorgestühl aufnahm und entweder durch Chorschranken oder einen Lettner vom Hauptschiff abgetrennt war. Bezeichnet den Raumteil, der dem zum liturgischen Gesang versammelten Konvent vorbehalten war.

EVANGELISTENSYMBOLE. Ausgehend vom Beginn des jeweiligen Evangeliums werden den einzelnen Evangelisten bestimmte Symbole zugeordnet. Mensch = Matthäus; Löwe = Markus; Stier = Lukas; Adler = Johannes.

GOTIK. Stil der hoch- und spätmittelalterlichen Kunst, die in Deutschland um 1230 einsetzt und bis Mitte des 16. Jh. andauert, wobei zwischen Phasen der Früh-, Hoch- und Spätgotik unterschieden wird. Vorherrschender Bautyp im Sakralbau ist die Basilika, wobei sich in der Spätgotik die Hallenkirche durchsetzt. Neue Elemente sind die Spitzbögen und Kreuzrippengewölbe, sowie die Durchfensterung der Kirchenwände und die reich skulpierten Figurenportale.

HALLENKIRCHE. Bauform des 13. bis 15. Jh. Bezeichnet eine Kirche, deren Schiffe annähernd gleich hoch und unter einem Dach zusammengefasst sind. Zunächst flachgedeckt, tritt später das Tonnengewölbe hinzu. Aus der einschiffigen Saalkirche entwickelt sich im Barock die Wandpfeilerkirche.

KATHEDRALE. Bezeichnet im christlichen Kirchenbau die Hauptkirche eines Bistums, d.h. die Bischofskirche. In Deutschland und Italien meist gleichbedeutend mit Dom.

MÜNSTER. Von lat. *monasterium*, Kloster. Bezeichnet zunächst die Gesamtanlage eine Klosters oder Stifts, bzw. die Stiftskirche, meist auch die Pfarrkirche. In Süddeutschland setzt sich die Bezeichnung für die Bischofskirche als Bauwerk oder als städtische Hauptkirche durch, die durch die umgebenden Gebäude einem Kloster nachgebildet sind.

QUERHAUS. Zwischen dem 11. und 13. Jh. entstandene sakrale architektonische Würdeform, die in Nord-Süd-Richtung angelegt ist (Langhaus in West-Ost-Richtung). Das Querhaus kreuzt in romanischen Kloster-, Bischofs- und Wallfahrtskirchen, in gotischen Stiftskirchen und Kathe-

dralen das West-Ost-Gefüge der basilikalen Anlage an der Grenze zwischen Langhaus und Sanktuarium (Chorraum mit Altar). Im Schnittbereich der Kardinalachsen steht die Vierung als bedeutungsvoller Raum.

ROMANIK. Kunstrichtung des frühen Mittelalters, die die karolingische und ottonische Kunst vereinigt. Ausgehend in Frankreich (um 1000), ab Mitte des 11. Jh. auch in Deutschland nachweisbar, dauert die Richtung bis Mitte des 13. Jh. Hauptträger waren vor allem Kloster- und Bischofssitze, auch Kaiser- und Königshöfe. Besonders geprägt wird der Baustil durch die Cluniazenser, Zisterzienser, Hirsauer, Prämonstartenser und Augustiner-Chorherren.

SAALBAU. Grundform des christlichen Sakralbaus mit rechteckigem Laienraum, der meist architektonisch vom Altarbereich durch eine Apsis abgetrennt wird.

VIERUNG. Bezeichnet den Teil des Kirchenraums, in dem sich Langhaus (Mittelschiff) und Querschiff durchdringen, wobei ein meist quadratischer Kreuzungsraum, der durch Bögen abgesetzt wird, entsteht. Ein Idealtypus ist die »ausgeschiedene« Vierung, bei der die vier Vierungsbögen gleich weit und hoch sind, das Querschiff dem Mittelschiff in Breite und Höhe entspricht, wobei sich dieses nach Osten in einem vierten Kreuzesarm (Vorjoch/ Altarraum) fortsetzt.

WANDPFEILERHALLE. Typus der Kirchenform, die vor allem von den Vorarlberger Barockbaumeistern verwendet wurde: Hierbei handelt es sich um einen als Halle oder Saalkirche konzipierten Longitudinalbau mit weit in den Raum vorspringenden Wandpfeilern, dessen Mittelschiff ein Tonnengewölbe hat. Durch Nischen zwischen den Wandpfeilern entsteht der Eindruck von Dreischiffigkeit. Die in die Zwischenräume der Wandpfeiler eingelassenen Kapellen sind meist halbrund und werden von Emporennischen überragt.

ZENTRALBAU. Bezeichnet ein Bauwerk, dessen Grundriss zentralsymmetrisch um einen

Mittelpunkt angelegt ist und gleich lange Hauptachsen hat. Das Ziel dieser Form ist die liturgische Ausrichtung auf ein Zentrum hin.

BILDNACHWEIS

bodenseebilder.de: 9 o., 9 u., 10, 11, 17 o., 93 o.; Rosgartenmuseum Konstanz: 13 o., 13 u.; Steigenberger Inselhotel: 14 l.; Staatliches Vermögens- und Hochbauamt Konstanz: 14 r., 17 M.; Tourist Information Konstanz: 17 u. l., 17 u. r.; Fotoarchiv Insel Mainau: 19 o., 19 u., 21 o. l., 21 o. r., 21 M., 21 u.; Theo Keller, Reichenau: 23, 24, 25 o., 26, 27, 28 o., 28 M. l., 28 M. r., 28 u., 30, 31; Faksimile Verlag, Luzern: 25 u., 33; Ira Brust, Allensbach: 35 o., 35 u., 36 o., 36 u.; Eidgenössische Kommission der Gottfried Keller-Stiftung: 38, 41 o., 41 u., 42 o.; Archiv des Verfassers: 39, 42 u.; Katholisches Pfarramt Öhningen: 46 u.; Kloster Einsiedeln: 48, 49 u.; Einsiedeln Tourismus: 49 o., 50 o., 50 u., 51 o., 51 u., 53; Katholisches Pfarramt Fischingen: 55, 57 o., 57 u.; Museum zu Allerheiligen Schaffhausen: 58, 59, 61, 62, 63; Stiftung Kartause Ittingen: 64, 65, 66 o., 66 u.; Thurgauer Klinik St. Katharinental, Diessenhofen/Schweiz: 68, 69; Fotoarchiv Amt für Denkmalpflege Kanton Thurgau: 70, 71; Tourist Information St.Gallen: 72; Stiftsbibliothek St.Gallen: 73 l., 78, 84; Historisches und Völkerkundemuseum St.Gallen: 73 r., 74, 76, 77, 79; Tourist Information Rorschach am Bodensee: 80 o., 80 u., 81; Katholische Kirchgemeinde Münsterlingen, Schweiz: 83 o., 83 u.; Carsten Kusche, Kennelbach: 85, 86 o., 86 M., 86 u., 109, 110, 111; Gerhard Kresser, Bregenz: 88, 89; Amt der Stadt Feldkirch, Archiv: 91; Kurt Gramer, Bietigheim-Bissingen: 95, 96 o., 96 u., 100, 103; Tourist Information Friedrichshafen: 101; Markgräflich Badische Museen: 105 o., 105 u., 107 o., 107 M. l., 107 M. r., 107 u.; Kur- und Touristik, Überlingen: 113. Alle übrigen Abbildungen: Verlagsarchiv.
Wir danken allen Rechteinhabern für die freundliche Genehmigung zum Nachdruck. Trotz nachdrücklicher Bemühungen ist es uns nicht gelungen, alle Rechteinhaber zu ermitteln. Wir bitten daher um Verständnis, wenn wir gegebenenfalls erst nachträglich eine Abdruckhonorierung vornehmen können.

Für die tatkräftige Unterstützung während der Entstehung dieses Buches gilt mein besonderer Dank meiner Tante Fine und ihrer Familie, meinen Eltern und vor allem Désirée. Ihr ist dieses Buch gewidmet. – F.K.H.

IMPRESSUM

Bibliografische Information der Deutschen Bibliothek
Die Deutsche Bibliothek verzeichnet diese Publikation in der Deutschen Nationalbibliografie; detaillierte bibliografische Daten sind im Internet über http://dnb.ddb.de abrufbar.

© 2005 by Jan Thorbecke Verlag der Schwabenverlag AG, Ostfildern www.thorbecke.de · info@thorbecke.de

Dieses Buch ist aus alterungsbeständigem Papier nach DIN-ISO 9706 hergestellt.

Gestaltung:
Finken & Bumiller, Stuttgart
Gesamtherstellung:
Jan Thorbecke Verlag, Ostfildern
Printed in Germany · ISBN 3-7995-0135-5

Daniel Studer (Hg.)
KUNST UND KULTUR
IN SANKT GALLEN

Monika Spicker-Beck / Theo Keller
KLOSTERINSEL REICHENAU:
KULTUR UND ERBE

Ca. 512 Seiten
Ca. 500 meist farbige Abbildungen
Gebunden
17 x 24 cm
ISBN 3-7995-0152-5

128 Seiten
Durchgehend farbig bebildert
Gebunden
20 x 22 cm
ISBN 3-7995-3507-1

Der Kanton St. Gallen liegt zwischen Bodensee und Alpen in einer reizvollen und reichen alten Kulturlandschaft. Der »Kunst- und Kulturführer Kanton St. Gallen« versteht sich als Wegweiser zu den zahlreichen Sehenswürdigkeiten und dient sowohl zur Vorbereitung einer Reise wie auch als Handbuch vor Ort. Er verzeichnet Kultur- und Baudenkmäler und zeigt sie in zahlreichen farbigen Bildern, die meist für dieses Buch neu aufgenommen worden sind.

Die Geschichte der Klosterinsel Reichenau ist glanzvoll und ihr kulturelles Erbe so einzigartig, dass sie von der UNESCO 2002 zum Weltkulturerbe erklärt wurde. Die drei mittelalterlichen Kirchenbauten der Insel beeindrucken durch ihre Architektur und ihre Wandmalereien gehören zu den Meisterwerken der europäischen Kunst.
Reich bebildert beschreibt das Buch die Geschichte des ehemaligen Inselklosters, das zur Zeit der Karolinger und Ottonen zu den bedeutendsten geistigen und kulturellen Zentren im Reich gehörte. Doch auch auf dem Gebiet der Kunst erreichte die Abtei höchsten Rang.

»Mehr als dieses Buch braucht man für einen Besuch der Insel nicht.«
BADISCHE ZEITUNG